Karl August Steiger

Die verschiedenen Gestaltungen der Siegfriedsage in der germanischen Literatur

Karl August Steiger

Die verschiedenen Gestaltungen der Siegfriedsage in der germanischen Literatur

ISBN/EAN: 9783741174193

Hergestellt in Europa, USA, Kanada, Australien, Japan

Cover: Foto ©Thomas Meinert / pixelio.de

Weitere Bücher finden Sie auf **www.hansebooks.com**

DIE VERSCHIEDENEN GESTALTUNGEN

DER

SIEGFRIEDSAGE

IN DER

GERMANISCHEN LITERATUR.

UEBERSICHT IHRER ENTWICKLUNG UND IHRES VERHÆLTNISSES ZU EINANDER.

INAUGURALDISSERTATION

DER PHILOSOPHISCHEN FACULTÆT DER UNIVERSITÆT ZU LEIPZIG

VORGELEGT

VON

KARL STEIGER.

HERSFELD

DRUCK VON L. HAPPICH.

1873.

MEINEM BRUDER

HEINRICH

IN LIEBE UND DANKBARKEIT

GEWIDMET.

Dass die germanische Siegfriedsage in ihrem Grundkern auf mythische Bildungen zurückzuführen sei, wird heute wohl nicht leicht mehr jemand bestreiten. Was hat auch alles Suchen und Spähen nach einer historischen Grundlage für Siegfried und sein Schicksal gefruchtet? Die verschiedensten und oft seltsamsten Vermuthungen sind mühsam hervorgezogen, mühsam mit einem geringen Grad von Wahrscheinlichkeit ausgestattet worden, um alsbald wieder von einer eingehenderen Kritik verworfen zu werden. Heute darf Dank der scharfsinnigen Thätigkeit hochverdienter Männer der obige Satz wenigstens im Princip als festgestellt betrachtet werden. Wenn aber die folgende Untersuchung es sich zur Aufgabe macht, die grosse Mannigfaltigkeit der in unserer Literatur sich vorfindenden Gestaltungen jener Sage in ihrer Entwicklung und ihrem gegenseitigen Verhältnis zu einander zu betrachten, so wird sie sich nicht beschränken dürfen, von der ältesten Ueberlieferung ausgehend die Fortbildung der Sage durch das Mittelalter zu verfolgen, sondern sie wird es versuchen müssen, auch rückwärts in die zu Grund liegenden mythischen Elemente nach Kräften einzudringen und deren Weiterbildung zu erklären, sich Rechenschaft zu geben über die Art und Weise, in welcher sich die Umgestaltung des ursprünglichen Naturmythus zur Sage und der Sage in sich vollzog. Dabei wird sie sich sicherlich bescheiden müssen, nicht selten eine Umbildung einfach zu constatieren, ohne für ihre Entstehung den rechten Schlüssel gefunden zu haben, nicht selten von mehreren unbewiesenen Combinationen die wahrscheinlichste auszuwählen, nicht selten mit einem offenen *non liquet* das Dunkle dunkel zu lassen. Das aber wird man schon nach der Beschränktheit des Raumes nicht von ihr erwarten, dass sie alle einzelnen Neubildungen, zumal die, welche für das Ganze einer Gestaltung ohne weitere Bedeutung sind, im Detail verfolge oder alle literarischen Producte ohne Unterschied analysiere; es wird genügen, die hervorragenden Erscheinungen und die in ihnen enthaltenen Sagenfassungen mit Bezug auf ihre Ausbildung, Auffassungsweise und gegenseitiges Verhältnis zu characterisieren, vom Uebrigen aber nur, was wesentlich scheint, anzuschliessen. Dabei wird billig ihres weitaus höheren Alters wegen die nordische Ueberlieferung voranstehen, die jüngere deutsche aber in ihrer mehrfachen Gliederung den Beschluss machen.

I.

Der naiven Anschauungsweise jener ältesten, uncultivierten Zeiten, als der Mensch, verlassen noch von all den zahlreichen Hülfsmitteln besserer Erkenntnis, mit welchen uns glückliche Entdeckungen und jahrtausendlange Erfahrungen ausgestattet haben, bei Betrachtung der Dinge der Aussenwelt lediglich auf sich selbst und seine Sinne angewiesen war, als er aber andrerseits bei der Beschränktheit oder besser bei dem Mangel jeglichen Wissensstoffes um so mehr auf die stets vor seinen Augen sich entwickelnden Vorgänge des Naturlebens aufmerksam werden, um so mehr allen äusseren Eindrücken sich hingeben, um so mehr seine eignen Empfindungen und Gefühle phantasievoll in die Objectivität der Erscheinungswelt zu übertragen geneigt sein musste, — traten alle diese wechselnden Vorgänge und Ereignisse der Naturwelt als Ausflüsse einer Thätigkeit individueller selbständiger Gewalten entgegen, die, gleichviel ob unter thierischem oder menschlichem Bilde gedacht, mit persönlichem Leben und Willen ausgestattet, allmählich zu göttlichen Wesen sich verdichteten. Und indem diese je mehr und mehr veredelten und idealisierten Phantasiegebilde in ihrer Thätigkeit als dem Ausfluss ihres Wesens liebend oder streitend zu einander in Beziehung gesetzt werden, entsteht der Naturmythus, der eben jene Naturvorgänge darstellt, die einerseits den kindlichen nnd hülflosen Urmenschen aufs innigste berühren und in Mitleidenschaft nehmen, andrerseits aber ihrem Wesen und Ursprung nach ihm dunkel und unerklärt bleiben. Der Mythus enthält somit in der ihm eigentümlichen Einkleidung wirkliche Ereignisse und Erscheinungen der Natur; und sind also die Träger der Handlung in den Mythen nur Phantasiegebilde und Producte der subjectiven Anschauungsweise eines Volkes, in Wirklichkeit also nicht greifbar vorhanden, so sind sie doch auch nur gleichsam die Hülle thatsächlicher Verhältnisse und die ihnen zu Grund liegenden Ideeen durchaus wahr und erfahrungsmässig.

Gibt aber demnach der Mythus die Eindrücke, welche die Unmittelbarkeit der Erscheinung dem Gemüthe mittheilt, allerdings in bildlichem Gewand, so thut er dies doch, ohne der bildlichen Einkleidung sich selbst klar bewusst zu sein. Wird der brausende Sturmwind als eine Schar heulender Hunde gefasst, so ist dieses nicht einfach eine poetische Allegorie; es ist nicht der Sturm, der unter dem Bild wüthender Hunde, sondern es sind die Hunde selbst, die in und mit dem Sturmwind den Urmenschen umheulen: an Stelle des wirklichen Vorgangs setzt die lebendige Phantasie, dem Eindruck folgend, den jener auf sie ausübt, das Bild; Bild und Inhalt fallen ihr zusammen.

Treten aber Umgestaltungen in diesem ersten Zeitraum der Mythenbildung ein, so gehen sie eben nur aus veränderter Anschauungsweise hervor und sind im Wesentlichen einfach

als Modificationen der äusseren Gestaltung und Fassung zu
betrachten, ohne dem zu Grund liegenden mythischen Gehalt
zu widerstreben. So war es der mythischen Bedeutung nach
vollkommen gleich, ob Odhin als Sonnengott die Erde aus
der Macht winterlicher Gewalten befreite und sich ihr vermählte, oder ob man, wie es später geschah, diese eine Seite
seines Wesens als selbständige Gottheit ablöste und nun dem
Sonnen- und Gewittergott Freyr jene Aufgabe zuwies. So
war es mythisch ganz gleichbedeutend, ob man den durch
die finsteren Wintergewalten getödteten sommerlichen Gott
im neubeginnenden Jahr selbst wieder von den Todten er-
stehen und den Gegner vertreiben, oder ob man einen neu-
geborenen Bruder diese Rache vollziehen liess. Und gewis
mochten so ursprünglich identische Mythen in weiterer Entwicklung und Fortbildung in verschiedenen Gegenden und
Zeiten verschieden sich gestalten, ohne doch den gemeinsamen Zusammenhang mit der zu Grunde liegenden Idee
zu verlieren.

Aber hierbei bleibt es nicht. Die selbstgeschaffenen,
aus dem subjectiven Innern in die Objectivität des Naturlebens übertragenen Gebilde erwerben sich, von der Tradition
erfasst, allmählich eine selbständige, unabhängige Stellung:
das Bild tritt mehr und mehr hervor, die Grundidee ver-
blasst. Was anfänglich nur individuelle Darstellung allgemeiner, stets sich wiederholender Erscheinungen war, wird
als wirklich individuell geschehenes Ereignis aufgefasst,
während natürlich in demselben Grad der innere Zusammenhang mit den zu Grund liegenden thatsächlichen Verhältnissen vergessen wird. Und hiermit beginnt denn die Entwicklung des Mythus in andre Bahnen einzulenken. Der
genaue Zusammenhang mit dem natürlichen Substrat hatte
eben den mythischen Gebilden eine feste, unverrückbare Basis
gegeben, welche zwar mannigfaltige Modificationen und
Combinationen gestattete, sie aber gleichwohl immer in ihrem
Grundwesen festhielt. Diese Basis verschwand mit dem Verlust jenes Zusammenhangs. Galten nun die Mythen nur

noch als einfache historische Ereignisse aus dem Götterleben,
so traten sie hiermit genau genommen schon ins Gebiet des
Sagenhaften über und waren nun den verschiedenartigsten
Einflüssen preisgegeben. Die Gottheiten, welchen nach Mass-
gabe ihrer Naturgrundlage geistige Eigenschaften schon früher
zugetheilt waren, werden allmählich vollends zur Verkörperung
geistiger und sittlicher Ideeen, zu Göttern der Tapferkeit und
Weisheit, der Liebe und Treue; ihre Handlungen, die früher
als Ergebnisse allgemeiner Naturgesetze sittlich indifferent
waren, werden jetzt zu Thaten freier Selbstbestimmung und
nach menschlichem Gefühl erklärt und motiviert. Die einmal historisch gefassten Ereignisse fordern eine genauere
Bestimmung nach Ort und Zeit, die Persönlichkeiten der
Götter selbst eine solche nach Ursprung und Erzeugung u.
dgl. m. Noch weit mannigfaltiger aber mussten solche Einwirkungen und die dadurch bedingten Veränderungen sich
gestalten, wenn die Träger der Handlung einmal ihr gött-
liches Gewand verloren und zu Menschen herabsanken, die
Göttersage also je mehr und mehr dem gewöhnlichen Leben
näher rückend zur Heldensage wurde.

Was wir bei solcher Entwicklung eines Mythus in
strengem Sinn als echte organische, was als unechte*)
Bildungen anzusehen haben, ergibt sich nach dem Gesagten
von selbst. Zu den letzteren ist einfach alles das zu rechnen, was an Veränderungen nach dem Vergessen des ursprünglichen Zusammenhangs des Mythus mit dem natürlichen Substrat sich vollzog. Mögen dies nun an sich
mythische Züge sein oder nicht, jedenfalls konnten sie mit
dem ursprünglichen Kern nicht mehr in organischer Weise
verknüpft, nicht mehr der ursprünglichen Grundidee unter-

---

*) womit hier natürlich noch nicht die willkürlichen Bildungen
späterer Zeiten gemeint sind. Will man aber den eigentlichen Mythus
eben erst mit dem Zurücktreten des natürlichen Substrats beginnen
lassen, was sich der Wortbedeutung nach ja vielleicht empfehlen möchte,
so müsste für die vorausliegende Entwicklung ein neuer, zutreffenderer
Terminus erst geschaffen werden.

worfen und dienstbar gemacht werden. Deshalb sind sie denn auch für die Erklärung des Mythus an sich ohne Bedeutung. *)

1. Die Anfänge der eigentlichen Heldensage haben wir hiernach eben da zu finden, wo die Träger der Handlungen in den Mythen ihrer göttlichen Natur sich zu entkleiden und den gewöhnlichen Verhältnissen der Sterblichen anzunähern beginnen. **) Es ist dies genau genommen der erste Schritt zur Vernichtung des Wunderbaren und Uebernatürlichen, welches Streben wir von da ab fast durch die ganze Entwicklung der Sage verfolgen können. ***) Noch liegt keine bewusste Tendenz nach diesem Ziele vor; wir haben es nur mit einer Abschwächung der Sage, einem Verlorengehen ursprünglicher Verhältnisse zu thun. Indem die einzelnen Sagen selbständiger für sich auftreten, wird der Zusammenhang ihrer Träger mit der Götterwelt gelockert, ihre Göttlichkeit selbst in den Hintergrund gedrängt, und

---

*) E. B. Tylor, Primitive Culture (übers. von Spengel und Poska I, 860): „So lange von Wesen wie Himmel oder Sonne mit Bewusstsein in mythischer Sprache die Rede ist, kann über den Sinn dieser Sagen kein Zweifel bestehen, und die ihnen zugeschriebenen Handlungen werden in der Regel naturgemäss und passend sein. Doch wenn die Erscheinungen der Natur eine mehr anthropomorphische Gestalt annehmen und mit persönlichen Göttern und Heroen identificiert werden, und wenn später diese Wesen, indem das Bewusstsein ihres ersten Ursprungs verloren geht, Centren werden, um die sich wogende Phantasieen anhäufen, dann wird ihr Sinn dunkel und corrupt, und man darf nicht mehr erwarten, dass sie ihrem ursprünglichen Character treu bleiben."

**) Es braucht kaum gesagt zu werden, dass die hier folgenden Vorbemerkungen nicht daran denken, kurzer Hand einen Gegenstand abthun zu wollen, der ohne Zweifel die langwierigsten und nicht nur die indogermanische Mythen- und Sagenwelt umfassenden Untersuchungen erfordert; hier ist nur eine Andeutung der für die Entwicklung der Siegfriedsage wesentlichsten Momente beabsichtigt.

***) wogegen nicht streitet, dass namentlich in späteren Zeiten manche Erzähler sich grade darin gefallen, zur grösseren Verherrlichung ihrer Helden eine Unmöglichkeit und Unwahrscheinlichkeit auf die andere zu häufen.

die Personen werden allmählich nur noch nach der Art ihres
Auftretens in der Sage gedacht, als Menschen, die durch
besondere Kraft des Körpers und Geistes hervorragend über-
menschliche Thaten vollbracht, d. i. eben als Heroen. Hier
bleibt des Uebernatürlichen immer noch genug. Denn grade
das Wunderbare in den Ereignissen wird von dieser Umgestaltung fast nicht berührt: der Flammenritt des Gottes, seine
wunderbaren Kämpfe mit Ungeheuern, seine Verwandlungen,
sein feuriger Zornesathem u. s. w. gehen einfach auf die
Helden über und rücken sie immerhin noch weit über das
gewöhnliche Mass der Sterblichen hinaus. Sie sind göttlicher
Abkunft, sie sind besondere Freunde und Schützlinge der
Götter, sie haben göttliche Waffen und Ausrüstung, sie stei-
gen nach ihrem Tod zu göttlichen Ehren empor. Aber
andrerseits führt allerdings auch jener erste Schritt zu Consequenzen. Einmal Menschen werden die Heroen mehr und
mehr auch ins gewöhnliche menschliche Leben eingeführt;
die ganze Umgebung und Scenerie modificiert sich, oft finden
wir neue Familienverhältnisse, neue Namen, selbst neue Thaten
und Schicksale. Und was früher nur Ergebnis unbewusster
Entwicklung gewesen, das geschieht nachmals beim Verschwinden der alten, naiven Gläubigkeit mit Bewusstsein und
Reflexion. Was sich an Wunderbarem noch findet, wird in
oft sehr kümmerlicher Weise rationalistisch erklärt, was sich
nicht erklären lassen will, möglichst modificiert, in den Hintergrund geschoben oder ausgemerzt. Viele Denkmäler späterer Zeiten geben die interessantesten Beispiele. So erklärt
sich Saxo Grammaticus, indem er seine Heldengeschichten
als wirkliche historische Thatsachen betrachtet, die in sie
eingreifenden Götter, so gut es gehen will, als göttlich ver-
ehrte Menschen, die durch Betrug und Zauberei sich zu
jenen Ehren emporgeschwungen. Um die Unverwundbarkeit,
die überlegene Kraft und Tapferkeit, die Stein und Eisen
zerschneidenden Waffen der Heroen glaubhaft zu machen,
berichtet der Verfasser der Thidrekssaga im Prolog, nach
Noah seien ursprünglich alle Menschen Riesen gewesen, nach

und nach aber einzelne kleiner und schwächer geworden und
zuletzt nur noch ganz wenige grosse und starke übrig geblieben. Und während nun der Schwachen Knochen und
dünne Beine jedem Schlag der Starken hätten erliegen müssen,
hätten umgekehrt jene den gewaltigen Knochen dieser auf
keine Weise etwas anhaben können. So sei es gekommen,
dass mancher oft allein mit seinen Waffen hundert schwächere
Männer erschlagen habe. In ähnlicher Weise sagt er cap. 70
von dem Siegstein, der die Kraft hatte, seinem Besitzer den
Sieg zu verschaffen, er wisse nicht, ob solches von der Eigenschaft des Steines selbst gekommen sei, oder ob es das
Vertrauen bewirkt habe, das man in den Stein gesetzt. Zeigt
das Angeführte genugsam die euhemeristische Tendenz, so
werden uns bei der Betrachtung der verschiedenen Gestaltungen unsrer Sage selbst noch Beispiele in Menge entgegentreten.

2. Hier ist weiter zu erwähnen die fortwährende
Uebertragung sittlicher Ideeen und Anschauungen in die Sage. Der einfache Mythus in seiner ersten,
ursprünglichsten Gestalt drückte nur die natürlichen Wirkungen und Erscheinungen der Elementargewalten aus, diese
aber wurden dann allmählich mit menschlicher Gestalt umklei-
det und mit menschlichen Empfindungen und Gedanken ausgestattet. Die Grundzüge ihres an sich sittlich indifferenten
Wesens wurden somit zu Characterzügen, ihre Handlungen
entsprangen den Gefühlen des Hasses und der Liebe, der
Hoffnung und der Furcht und wurden überhaupt durch allgemein menschliche und sittliche Anschauungen bestimmt.
Und versetzen wir uns mitten in die Entwicklung unsrer
Siegfriedsage, welch' mächtigen Impuls entnahm die Dichtung
dem ethischen Gefühl! Jede That ist sittlich gut oder böse;
die böse muss ihre Strafe nach sich ziehen: welch' frucht-
bares, folgenreiches Princip! wie sehr musste dadurch die
poetische Färbung der Ganzen erhöht, die Katastrophen
wirksamer und erschütternder werden! Die Handlung gestaltet sich jetzt zu einer ergreifenden Tragödie: der Held

hat durch seinen Verrath an Brynhild eine Schuld auf sich
geladen, und streng und unvermeidlich folgt die sittliche
Reaction der Strafe, seine Ermordung; es folgt — denn das
eben ist der Fluch der bösen That — eine Reihe blutiger
Greuel bis zum Untergang des ganzen Geschlechts. — Auf
die Wirkung dieser Ideeen lässt sich aber wohl auch im einzelnen manche Umbildung wenigstens theilweise zurückführen,
z. B. der Selbstmord Hagens aus Reue über seine That in
einem alten Volkslied (W. Grimm: Altdänische Heldenlieder,
Balladen und Märchen, No. V.), oder der tragische Tod
Brynhildens, wie ihn aus der Edda noch z. B. Geibel in
sein Trauerspiel herübergenommen.

3. Weitaus von dem wichtigsten Einfluss aber für die
Gestaltung und Umgestaltung der Sage ist ohne Zweifel die
Anlehnung der überlieferten mythischen Bestandtheile an die Thatsachen der Geschichte
und Geographie, welche, wie W. Grimm sagt, natürlich
ist für eine Zeit, die zwischen Poesie und Historie nicht
unterscheidet und in die Wahrheit der Ueberlieferung keinen
Zweifel setzt. Schon oben wurde erwähnt, dass, sobald man
erst angefangen, die Mythen als einfache, einmal geschehene
Ereignisse zu betrachten, dieselben naturgemäss eine bestimm-
tere Fixierung in Ort und Zeit verlangten. Und in weit
höherem Grade musste diese Forderung sich geltend machen,
sobald die Götter zu Menschen herabgesunken waren und
ihre Thaten und Schicksale sich je mehr und mehr nach
Analogie der wirklichen Weltgeschichte gestalteten. Jetzt
empfand man ein gewisses Bedürfnis, sie in den Kreis der
historischen Begebenheiten nach Kräften einzureihen, und
unbewusst wurden Anknüpfungspunkte gesucht und gefunden,
vermöge deren man in geschichtlichen Personen und Thatsachen die Personen und Thatsachen der Sage wieder erkannte und beides, Geschichte und Sage, unter gegenseitigen
Modificationen zusammenwachsen liess. War es aber hier
immer noch die Aehnlichkeit einzelner hervorragender Namen
oder eine gewisse Uebereinstimmung der Ereignisse und Ka-

tastrophen, was die Verschmelzung von Geschichte und Sage
herbeiführte, so mochten doch auch ausserdem leicht Einzelheiten, die besonderen Eindruck gemacht hatten oder besonders fest in der Erinnerung hafteten, einfach zur Erweiterung
und Auschmückung verwandt werden. Und bekannt ist ja
die Neigung des Volks, die hervorragendsten Erscheinungen
und Helden der Geschichte mit sagenhaften Zügen zu um-
kleiden, ja sie ohne Weiteres in die Sage zu übertragen.
Vor Allem waren es naturgemäss die gewaltigen, welt-
erschütternden Ereignisse des 4., 5. und 6. Jahrhunderts,
welche, in den Gemüthern den tiefsten Eindruck hinterlas-
send und bald sagenmässig ausgeschmückt, die folgenden
Geschlechter sich gleichsam nur noch als Epigonen erscheinen
liessen und alles nunmehr erloschene Heldentum für sich in
Anspruch nahmen. So schlossen sich die denkwürdigen
Erscheinungen eines Hermanrich, Attila, Theodorich und vieler
anderer der Sage an und gaben ihr unter bedeutenden Umgestaltungen ihr eigentümliches Gepräge, den grossartigen
historischen Untergrund, sowie eine solche Masse neuen Stoffs
und neuer Personen, dass sie fortan mit Recht aus Mythus
und Historie zusammengewachsen scheinen darf. — Ganz im
Anschluss an das Geschichtliche treten die geographischen
Bestimmungen auf: ist Dieterich Ostgothenkönig, so residiert
er in Bern; sind die Giukunge Burgunden, so sitzen sie am
Rhein, ihre Hauptstadt ist Worms und zu Etzel führt ihr
Weg durch Baiern und über die Donau u. s. w.
    Die Umgestaltung der Sage selbst nun konnte auf
zwiefache Weise vor sich gehen, entweder so, dass unter dem
Einfluss des Geschichtlichen ein bereits vorhandener Theil
umgebildet und verändert wurde, oder so, dass im Anschluss
an Vorhandenes ein ganz neuer, lediglich auf Historischem
basierender Theil entstand. Es liegt vor Augen, wie schwierig
hiernach mitunter die Beantwortung der Frage sein muss, ob
denn nun dieser oder jener Theil schon vor der Einwirkung
der Historie in der Sage vorhanden gewesen sei, oder ob er
vielmehr dieser Einwirkung überhaupt erst seine Entstehung

verdanke, da die blosse Constatierung der Uebereinstimmung des Geschichtlichen und Sagenhaften für sich allein nicht entscheidend sein kann.

4. Aehnlich dem Einfluss der Historie sind die Einwirkungen, welche mitunter d i e e i n z e l n e n S a g e n s e l b s t a u f e i n a n d e r a u s ü b e n, die ebenfalls wiederum sowohl Grundlage vollkommener Neubildungen als auch blosser Umgestaltungen sein können. Aehnlichkeiten und Analogien sind als Anknüpfungspunkte freilich auch hier vorauszusetzen, wenngleich sie sich häufig unseren Blicken entziehen. Indem man die eine Sage erzählte und darstellte, erinnerte man sich zugleich ähnlicher Situationen und Ereignisse aus andern Sagen und entnahm mehr oder minder unbewusst einzelne Momente aus diesen herüber. Im Allgemeinen darf wohl angenommen werden, dass derartige Einwirkungen um so leichter statt haben, in je engere Verbindung der Inhalt der betreffenden Sagen schon gebracht ist. So mag, um bei der Siegfriedsage stehen zu bleiben, als Beispiel einer solchen unter dem Einfluss fremder Sagen entstandenen Neubildung die abenteuerliche Geschichte von den Eltern Sigurds in der Thidrekssaga, als Beispiel einer blossen Umbildung die Assimilierung der eddischen Sigurdsage an die von Helgi Hundingsbani angeführt werden. (Rassmann, Deutsche Heldensage, I, 207 f.; doch cf. unten).

Neubildungen eigentümlicher Art aber finden sich nicht selten dann, wenn ein und dasselbe Moment einer Sage sich verschieden entwickelt hat, und nun die verschiedenen Darstellungen, als verschiedene Ereignisse mit einander verbunden, gleichsam eine Verdoppelung des ursprünglichen Verhältnisses ergeben. War z. B. wie im Siegfriedslied an die Stelle der Erlösung Brunhildens eine solche Kriemhildens getreten, so liess sich später beides zusammenbringen, wie es z. B. Weigands Aventiurenverzeichnis (Haupt's Zeitschrift X, 142) aufweist. Hatte der Drachenkampf Siegfrieds mit der Befreiung der Jungfrau sich zu einer Befreiung aus Drachengewalt verbunden, so konnte die ursprüngliche Dar-

stellung des Kampfes als eignes Abenteuer der Jugendgeschichte des Helden verbleiben.

5. Weiter aber liegt tief im Wesen der gesammten
Epik die Neigung begründet, die einzelnen, wenn auch
ursprünglich sich ganz fremden Sagenkreise in
Beziehung zu einander zu setzen und ihre Haupt-
helden wo möglich in persönliche Berührung zu bringen.
Diese Anknüpfung ist häufig nur ganz äusserlicher Art,
indem die Personen verschiedener Sagen in irgend eine den
Inhalt selbst nicht weiter berührende Beziehung gebracht
werden; man bildet Verwandtschaftsverhältnisse, und das
Einfachste und Leichteste ist es dann, die einen zu Vorfahren
der andern zu machen, ohne sie irgend weiter in die gegenseitigen Geschicke eingreifen zu lassen. *) — Oft auch werden
fremde Helden einfach in eine Sage herübergenommen und
in die Ereignisse verflochten, ohne doch deren Entwicklung
im Grossen und Ganzen dadurch zu verschieben. **) —
Nicht selten wird indessen doch auch eine innigere Verschmelzung der einzelnen Sagen angestrebt und dieselben
als einheitliche in sich zusammenhängende Ereignisse dar-
gestellt, so dass der Inhalt der einen geradezu als Begrün-
dung und Einleitung des der andern auftritt. ***) Dass aber
bei solchen Verbindungen zugleich der ganze Sagenstoff
mitunter die bedeutendsten Modificationen erleiden musste,
ist natürlich.

---

*) In dieser Weise angeknüpft sind z. B. die Sagen von Aslaug,
Helgi Hundingsbani, oder in der Thidrekssaga die von Samson als Ahn-
herrn Erminreks und Thidreks u. a.

**) wie z. B. Dietrich im zweiten Theil des Nibelungenliedes mit
den Amelungen einfach als Kämpfer Etzels erscheint, ohne den Gang
der Sage, die durch ihn allerdings viele Details erhält, im Wesentlichen
zu verrücken.

***) wie wenn z. B. in der Thidreksaga der Zweikampf Sigurds
mit Thidrek als Veranlassung seiner Bekanntschaft mit den Niflungen
und seiner Vermählung mit Grimhild erscheint; oder wenn nach einer
andern Darstellung der Zweikampf im Rosengarten mit dem Tode Siegfrieds endigt und so Grund zu Kriemhildens Rache wird.

6. Oftmals drängten sich Fragen auf, welche eine Beantwortung forderten, ohne dass der bisherige Bestand der Sage eine solche zu gewähren schien. War z. B. die Sage von Siegfrieds Ahnen im Ganzen vergessen, so mochte man dies leicht als eine Lücke in der Ueberlieferung empfinden und dieselbe auszufüllen streben, namentlich wenn sich gar Namen oder einzelne Züge doch erhalten hatten. Man gab dem Helden also wiederum Eltern, so wie es der Sachlage am besten zu entsprechen schien. Leicht kam man dann weiter dazu, entweder diesen Eltern nun auch in der ganzen Sage eine bestimmte Rolle zuzuweisen oder ihr aus der früheren Sage herübergenommenes vollständiges Fernbleiben einigermassen zu erklären. Den ersten Weg schlägt z. B. das Nibelungenlied ein, indem es den König Siegmund sogar mit nach Worms ziehen, und in noch ausgedehnterer Weise das Volksbuch, indem es auch die Rache durch den Vater vollziehen lässt; den andern z. B. die Thidrekssaga und das Siegfriedslied, welche beide, jedes auf seine Weise, dem Helden Eltern und Heimat unbekannt sein lassen.

7. Ueberhaupt lässt sich durch die ganze Entwicklung hindurch fortwährend ein gewisses Streben nach Ausführung und Ausschmückung der Sage bemerken; ein Bestreben, dem Helden neue Abenteuer und Thaten beizulegen, neue Situationen zu schaffen, schon vorhandene zu detaillieren. Namentlich so lange die Sage in mündlich sich fortpflanzenden (noch nicht schriftlich aufgezeichneten) Liedern enthalten war, befand sie sich in beständigem Fluss und Werden und gab dem Einzelnen die grösste Freiheit, nach Belieben zu ändern und zu erfinden. So konnten die darstellenden Dichterindividuen ungestört ihre Phantasie spielen lassen, um dem überlieferten Sagenstoff mit grösserem oder geringerem Geschick Frische und Fülle zu verleihen. So treffen wir z. B. im Nibelungenlied eine eingehende Schilderung von Siegfrieds Ankunft und längerem Aufenthalt am Hofe der Burgunden vor seiner Vermählung, eine eben solche seiner Sendung nach Worms nach dem Erwerb Brunhildens,

um den glücklichen Erfolg des Unternehmens anzukündigen, seiner Grossthaten auf der Jagd vor der Ermordung u. s. w., lauter Elemente, die wesentlich jenem Bestreben, die Ueber-lieferung mit Leben und Glanz zu füllen, ihren Ursprung zu verdanken scheinen. Diese Neigung führt denn natürlich auch zu einer grossen Vermehrung der Personenzahl, und nicht selten scheinen sich Dichter grade in ausgedehnter Nomenclatur, und in Vorführung weitläufiger Genealogieen zu gefallen, freilich ohne immer die Fähigkeit zu besitzen, nun auch lebensvolle, individuelle Persönlichkeiten zu ge-stalten. *) Nicht minder begegnen wir häufig ungeschickten Uebertreibungen in der Darstellung der Ereignisse, sowie einem mit der Gewohnheit echter, volksmässiger Sagenbildung seltsam contrastierenden Hang zur Häufung wunderbarer und phantastischer Abenteuer und Heldenthaten. **)

8. Grade das umgekehrte Verhältnis scheint statt zu finden, wenn einzelne Momente der Sage fortfallen, deren Bedeutung und Beziehung nicht mehr verstanden wurde, oder die in Folge veränderter Verhältnisse für die Entwick-lung keine wesentlichen Glieder mehr bildeten und damit ihren Halt im Ganzen der Sage verloren. So hat, um ein Beispiel anzuführen, die eddische Sigurdsage den Zusammen-hang der Erlegung des Drachen und der Erwerbung des

---

*) Gleich der Anfang des Nibelungenliedes, der sogenannte „Theater-zettel", liefert Beispiele. Doch finden sich solche, und zuweilen gradezu massenhaft, in fast allen Gedichten.

**) z. B. wenn im Siegfriedslied der Held so viele Drachen trifft, als er sein Lebtag nicht gesehen, u. dgl. Ein interessantes Beispiel ist das, worüber Wolfram im Willehalm sich lustig macht:

ich hœr von Witegen dicke sagen,
daz er eins tages habe durchslagen
ahtzehen tûsent als ein swamp
helm. der also manec lamp
gebunden für in trüege
obers eins tages erslüege,
so wær sîn strît harte snel,
ob halt beschoren wærn ir vel.

Hortes mit der Durchbrechung der Waberlohe noch deutlich
erhalten; in der späteren Zeit aber wurde derselbe vollständig vergessen, und es blieben nun zwei von einander ganz
unabhängige Heldenthaten. Dieser Schwund ursprünglicher
Verhältnisse führt mitunter zu einer derartigen Zerrüttung
und Zerbröckelung des Sagenstoffs, dass (namentlich wenn
nun noch fremde Bestandtheile hinzudringen und mit dem
Erhaltenen sich verbinden) ein Wiedererkennen der ursprünglichen Gestaltung ohne Vergleichung mit echteren Darstellungen gradezu unmöglich sein würde. — Aber auch ganze
Sagentheile sehen wir im Lauf der Zeit vergessen werden
und verschwinden, manchmal fast ohne eine Spur zurückzu-
lassen. Welche Umstände solche Verluste verursachen mochten, entzieht sich näherer Bestimmung. Doch ist wohl im
Allgemeinen anzunehmen, dass das Interesse für die betreffenden Theile nach und nach erkaltete und so das zuerst
Vernachlässigte später der Vergessenheit anheimfiel. So
sehen wir die Völsungensage in Deutschland, wo sie gewis
einst heimisch war, bis auf wenige Namen vollständig verloren; so zeigt die Darstellung der Rache an Siegfrieds
Mördern im Volksbuch, dass von der ursprünglichen Atlisage
entweder nur noch ganz dunkle Erinnerungen übrig waren,
oder dass man sich wenigstens ihres Zusammenhangs mit der
Siegfriedsage nicht mehr klar bewusst war. Wie viele derartige Verluste mögen die Sage aber betroffen haben, ohne
dass wir bei dem Mangel an Quellen sie nur überhaupt
ahnen können!

9. Von grösstem Einfluss auf die Gestaltung der Sage
sind weiter alle Ortsveränderungen und Wanderungen derselben. Einmal lag es in solchen Fällen sehr nah, den in der
Sage vorgefundenen Localitäten andere, näher liegende zu
substituieren. So finden wir z. B. die Sage von Siegfrieds
Ermordung und Kriemhildens Rache in eigentümlicher Weise
auf dem Inselchen Hven zwischen Seeland und Schonen
localisiert, wo man in den Nibelungen ein einheimisches
Geschlecht erblickte und auch später noch den Stein zeigte,

2*

der von Siegfrieds Ermordung den Namen Sigerstein sollte erhalten haben. — Manchmal freilich fühlte man auch das umgekehrte Bedürfnis, nämlich diejenigen Localitäten, wo wunderbare Ereignisse stattgefunden haben sollten, und von welchen man nur eine dunkle Vorstellung hatte, möglichst in eine nebelhafte und unbestimmte Ferne zu verlegen, wie dies z. B. die süddeutsche Sage mit dem Siegfried unterthänigen Nibelungenreich oder mit Brunhildens Heimat, dem Isenstein, gethan hat. — Sodann aber wird sich immer eine Menge von Einzelheiten dem Culturleben und der Anschauungsweise der neuen Heimat fügen müssen. Finden wir z. B., das im Norden die Kriegszüge der Helden zu Schiffe stattfinden, während es doch keinem Zweifel unterliegen kann, dass dies ursprünglich zu Lande geschah, so kann der Grund hierfür eben nur in der Versetzung der Sage aus dem Binnenlande in die Meeresgegend erblickt werden. Auch mochte es sich wohl fügen, dass die auswandernde Sage auf analoge Gestaltungen traf, an die sie dann leicht angeknüpft, oder mit denen sie auch geradezu identificiert und verschmolzen werden konnte.

10. Höchst bedeutsam ist weiter der Einfluss, den die im Lauf der Jahrhunderte vorschreitende Civilisation und Culturentwicklung ausübte, indem sich naturgemäss die ganze Auffassungsweise mit den wechselnden Zeitverhältnissen modificierte. Hier kommt in Betracht die Verfeinerung der Sitte und Lebensweise, der Wegfall der Blutrache, die Umgestaltung der socialen Verhältnisse, die Ausbildung des Rittertums und der ritterlichen Minne, das Bekanntwerden mit dem Orient und seinen Wundern u. s. f. Ferner die Umbildung der staatlichen Verhältnisse. Während in den älteren Darstellungen die Helden uns als kleine Stammeskönige entgegentreten mit so beschränktem Gebiet, dass man meist in wenigen Tagen von einer Residenz in die andere gelangt, finden wir später durchschnittlich grosse und mächtige Reiche, deren einzelne Marken unter eigenen, halb selbständigen Fürsten stehen, die zu Heeresfolge und Tributzahlung ver-

pflichtet sind. Auch das Wiederaufleben des römischen Kaisertums war nicht ohne Einfluss auf die Ausbildung der verschiedenen Kaiserreiche der Sage. Vor Allem aber gehört hierher die allmähliche Ein- und Durchführung des Christentums. Alles Eingreifen von Göttern, soweit es sich noch aus früheren Perioden erhalten haben mag, ist nunmehr ein für alle Mal unmöglich geworden und wird entweder ausgemerzt oder mit der Anschauungsweise des den Glauben an Geister ja nicht unbedingt abweisenden Christentums verträglich gemacht. Dasselbe geschieht möglichst mit anderen mythischen Bezügen, und die oben besprochene Tendenz zur Ausscheidung des Uebernatürlichen findet hier einen mächtigen Impuls. Aber auch die ganze Darstellung durchzieht jetzt ein neuer, fremder Hauch: die Helden selbst werden Christen und treten nicht selten geradezu als Gottesstreiter gegen die Ungläubigen auf, wie sich denn auch sonst hin und wieder ein Gegensatz gegen das Heidentum geltend macht. Im Nibelungenlied z. B. ist er bekanntlich ein Hauptgrund der ursprünglichen Weigerung Kriemhildens auf die Bewerbung des Hunnenkönigs einzugehen. Freilich ist das Bestreben, das Altheidnische aus der Darstellung zu verdrängen, nicht immer im Stande, seine Aufgabe durchzuführen.

11. Auffallend sind die Umgestaltungen, welche durch eine gewisse Parteilichkeit für einzelne Helden hervorgerufen werden; sie haben mitunter zu einer vollständigen Umkehrung der Charactere geführt. Es ist dies im Grunde meist eine Art von falschem Patriotismus, indem man in dem einen oder andern Helden einen Nationalheros erblickte und nun möglichst auch nicht den geringsten Makel an ihm haften lassen wollte. Diese Engherzigkeit der Auffassung hat denn (zum Theil in Verbindung mit andern Ursachen) die seltsamsten Früchte gezeitigt. Dass z. B. das Gedicht von der Flucht die Folgen einer solchen ungeschickten Parteinahme für Dietrich vielfach aufzuweisen hat, ist durch reinere Darstellungen der Sage ausser Zweifel gesetzt (cf. W. Grimm: Deutsche Heldensage pag. 358 f.); eine noch weit stärkere

und auffallendere Umgestaltung zeigt in dem Verhältnis
Siegfrieds zu Hagen die Hvensche Chronik. Den Mörder
Hagen, in welchem sie den Vertreter eines einheimischen
Geschlechts erkennt, schildert sie als einen edelmüthigen,
hochherzigen Helden ohne Furcht und Tadel, seinen Gegner,
den ausländischen Siegfried, aber macht sie in umgekehrter
Weise zu einem elenden, treulosen Schwächling.

12. Nicht zu unterschätzen sind die Einwirkungen,
welche auf den Forderungen der Poesie beruhen. Diese
hat vor Allem auf die innere Einheit der Entwicklung zu
achten. Es ist Bedürfnis, die einzelnen Theile so darzustellen
und zu motivieren, dass ein klarer, einheitlicher Faden das
Ganze durchlaufe, nichts müssig, überflüssig oder gar störend
sei. Natürlich ist diese Forderung am strengsten an den ursprünglichen Mythus selbst zu stellen, in welchem die einzelnen Theile sich wie Ursache und Wirkung verhalten müssen,
da ja sonst eine einheitliche Grundidee undenkbar wäre. Ist
nun aber diese enge Beziehung der einzelnen Theile zu einander im Lauf der Zeit irgendwo gelockert oder verloren worden,
so macht sich das dichterische Bedürfnis geltend, diese innere
Einheit der Handlung, so gut es gehen will, wieder herzu-
stellen. So scheint z. B. die älteste Gestaltung der Rache in
der nordischen Sigurdsage keine genügende innere Verbindung
mit dem Vorhergehenden zu haben, und eben in diesem
Verhältnis dürfen wir gewis mit Recht einen Hauptimpuls
für die spätere Umgestaltung dieses Theils in Deutschland
erblicken.

Von dem Bedürfnis, die einzelnen Begebenheiten möglichst glänzend auszumalen, oder auch ganz neue Situationen
zu schaffen, neue Thaten und neue Personen einzuführen,
ist schon oben gesprochen. Ausdrücklich mag noch hervorgehoben werden das vielfach zu Tag tretende Bestreben, die
Helden nicht nur dem Character, sondern auch der äusseren
Persönlichkeit nach zu schildern. Die Characterzeichnung
ergibt sich naturgemäss aus den Handlungen; betreffs der
Beschreibung der äusseren Gestalt aber bleibt der dichterischen

Phantasie meist freier Spielraum, soweit nicht eben durch
Ueberlieferung dämonischer Abstammung oder ähnliche Züge
auch hier feste Anhaltspunkte gegeben sind.

13. Setzen wir nun aber, es seien nach Vergessen der
ursprünglichen Bedeutung des Mythus gleichviel auf welchem
Weg fremde, unechte Elemente eingedrungen und Umgestaltungen erfolgt, so kommen wir zum Schluss zu derjenigen Art von Neubildungen, welche wir mit der allgemein-
sten Bezeichnung Consequenzen nennen dürfen. Durch
jede einzelne Wandlung kann ein Anstoss zu einer ganzen
Reihe andrer gegeben sein, die naturgemäss von der mannigfaltigsten Art. Sind z. B. durch Zerbröckelung der Sage
nur noch unzusammenhängende Reste früherer Elemente
übrig geblieben, so müssen diese wieder zusammengeknüpft,
Widersprüche möglichst gehoben, Lücken wenigstens einigermassen ausgefüllt werden. (cf. Nr. 12 und 6). So haben wir
schon einmal des Zusammenhangs Erwähnung gethan, in
dem ursprünglich die Erwerbung des Schatzes und die Erlösung der Jungfrau stand. War dieser Zusammenhang verloren und weiter auch die Waberlohe vergessen worden, so
blieb also einerseits nur noch der Drachenkampf, andrerseits
eine Befreiung der Jungfrau; aus welcher Gewalt, war unklar.
Daraus ergab sich leicht, die Befreiung und den Drachenkampf zu einer Erlösung aus Drachengewalt zu combinieren.
— Hatte sich die Sage so ausgebildet, dass Siegfried seine
Eltern nicht kannte und der Zwerg Eugel ihm dieselben
später nennen musste, so ward dieser letzte Zug unmöglich,
sobald man Siegfried aus Lust nach Abenteuern vom väterlichen Hof sich entfernen liess.

Es ist selbstverständlich, dass solche Neubildungen (die
man gewissermassen als secundäre bezeichnen kann) sich
nicht auf einen bestimmten Zeitraum einschränken lassen,
sondern dass sie sich stets und ständig wiederholen werden,
so lange noch Fluss und Leben, was ja nichts anderes heisst,
als Fortbildung, in der Sage walten.

14. Endlich aber tritt eine Periode ein, wo die Sage

sich allerdings ausgelebt hat und abzusterben beginnt. Für unsere deutsche Heldensage fällt dies mit dem Sinken der mittelalterlichen Volkspoesie zusammen. Die Personen der Sage verlieren allmählich die alte Hoheit, den alten Adel der Gesinnung, sie werden mehr und mehr ins gemeine Leben herabgezogen, eine gewisse Rohheit der Sitten tritt ein, das Grotesk-Lächerliche macht sich geltend, kurz Charactere wie Darstellung sinken und werden unwürdig. Schon im Anfang des 13. Jahrhunderts mag diese (so zu sagen bänkelsängerische) Behandlung der Heldensage hin und wieder einzureissen begonnen haben, und dürfte dies namentlich auch einen Grund für die vornehme Zurückgezogenheit, mit welcher die feinen höfischen Dichter sich von diesen Stoffen entfernt hielten, gebildet haben; Dichtungen aber, wie z. B. der Rosengarten, lassen bereits keinen Zweifel mehr.

15. Einen eigentümlichen Anlass zu Neubildungen haben aber dann noch mitunter Reliquien und Ueberreste aus älteren Zeiten, Denkmäler, Abbildungen u. dgl. oder auch auffallende Namen, Sitten und Gebräuche gegeben, zu deren Erklärung man entweder eine Geschichte geradezu erfand, oder von einer wirklich überlieferten, was passend schien, entnahm. So mag es sich namentlich mit der sonderbaren Erzählung des Amsterdamer Juden Jephtha Jospe (W. Grimm a. a. O. no. 165b.) verhalten. Danach legt sich ein schrecklicher Drache aus der Wüste vor die Stadt Worms, dem jeden Tag nach dem Loss ein Menschenleben geopfert werden muss. Als endlich die verwitwete Königin selbst betroffen wird, erbietet sich einer von drei Riesenbrüdern für sie einzutreten unter der Bedingung, dass sie ihn, wenn es ihm gelinge, den Wurm umzubringen, eheliche. Als ihm dieses zugesagt ist, zieht er einen eigens hierzu verfertigten Panzer an, wird dem Wurme vorgeworfen und von demselben verschlungen; er aber „zuschneidet den lintwurm und kam lebendig wieder 'raus". Darauf wird er König und lässt nun zum Andenken an dieses Ereignis die Stadt, welche vormals einen andern Namen hatte, Wurmss heissen, an dem Rathhaus aber, „das

man die mintz heisst, das auf der mark steht,“ sich mit
seinen Brüdern, dem Drachen und der Königin abbilden.
Und die Stadt führt von da ab einen Schlüssel im Wappen,
weil der Riese ein Schlosser gewesen.
Dass die hier erwähnten Abbildungen am Rathhaus, sowie der Name und das Wappen der Stadt in der That auf
Siegfried zurückgeführt worden, zeigt namentlich die betref-
fende Bemerkung des Matth. Quade (W. Grimm, a. a. O.
No. 157)- Was aber die vorstehende Geschichte selbst betrifft, so wird man doch höchst vorsichtig zu Werke gehen
müssen. Die Uebereinstimmung mit der Siegfriedsage ist so
gar gering, dass man einen Zusammenhang mit derselben
entschieden bezweifeln muss. Die Erzählung scheint vielmehr
eine freie Erfindung zur Erklärung jener Ueberreste. In
dieser Ansicht bestärkt mich namentlich noch die eigentümliche Darstellung des Drachenkampfes. Lycophron, Alexandr.
33 nennt den Herakles einen τριέσπερος λέων, —

$$ὅν\ ποτε\ γνάθοις$$
$$Τρίτωνος\ ἠμάλαψε\ κάρχαρος\ κύων.$$
$$\text{”}Εμπνους\ δὲ\ δαιτρὸς\ ἡπάτων\ φλοιδούμενος$$
$$Τινθῷ\ λέβητος\ ἀφλόγοις\ ἐπ᾽\ ἐσχάραις$$
$$Σμήριγγας\ ἐστάλαξε\ κωδείας\ πέδῳ.$$

Und Tzetzes in den Scholien bemerkt dazu, dass Poseidon
ἀγανακτῶν κατὰ Λαομέδοντος ἔπεμψε κῆτος δεινότατον, ὅπερ
τὴν χώραν κατέκλυσεν. ἐκ χρησμοῦ δὲ Λαομέδων ἀναγκα-
σθείς Ἡσιόνην τὴν αὑτοῦ θυγατέρα κοσμήσας βασιλικῶς ὡς
πρὸς βορὰν τῷ κήτει ἐξέθετο. διερχόμενος δὲ Ἡρακλῆς....᾽.
εἶπε δυνατῶς ἔχειν ῥύσασθαι ταύτην. πὰι.......... χωστὸν
τεῖχος ποιήσας καὶ στὰς ὡπλισμένος παρὰ τὸ στόμιον, ὡς
κεχηνὸς ἐπῄει τὸ κῆτος, ἀθρόως ἐμπεπήδηκε| στόματι.
τρισὶ δὲ ἡμέραις ἔνδοθεν κατακόπτων αὐτὸ ἐξῆλθεν ἀποβε-
βληκὼς καὶ τὴν τῆς ἑαυτᾶ κεφαλῆς τρίχα. — Diese Darstellung, welche als Ergebnis einer Verschmelzung der
Heraklessage mit der von Jonas im alten Testament *) auf-

---

*) Jonas, welcher sich auf dem vom Sturm bedrohten Schiffe be-

zufassen sein wird, zeigt alle wesentlichen Eigentümlichkeiten der obigen Erzählung des Jephtha Jospe. Es dünkt mich daher nicht unwahrscheinlich, dass sie diesem — oder wen immer wir als ersten Urheber jener Erzählung anzunehmen haben — bei der Erklärung jener Reliquien im Sinn gewesen sei. Als Resultat aber mochte sich dann unschwer obiges Machwerk ergeben.

II.

Der Frage nach der historischen Entwicklung unsrer Siegfriedsage treten wir nunmehr in so fern näher, als es sich darum handelt, unter Berücksichtigung aller eben angeführten Momente aus der Mannichfaltigkeit des uns überlieferten Sagenstoffs den ursprünglichen mythischen Kern herauszuschälen und von diesem aus die allmähliche Fortbildung zu erklären. Schon der ältesten durch Zeugnisse zu belegenden Sagengestalt, der eddischen, muss eine lange Entwicklung vorausliegen. Welches also war diese? wo nahm sie ihren Anfang und wie gelangte sie zu dem Puncte, auf welchem wir sie zuerst fixiert finden?

Der naturgemässe Verlauf jeder Ausbildung und Entwicklung zeigt ein allmähliches Fortschreiten vom Einfachen, Einheitlichen zum Complicierten und Mannichfaltigen. Demgemäss werden wir auch hier als Ausgangspunct ein einheitliches, in sich geschlossenes Gebilde verlangen, dessen einzelne Theile sich zu einander wie Ursache und Wirkung verhaltend klar und fest auf das bestimmte Ziel hindrängen; alle Ausschmückungen oder episodenartigen Erzählungen, die ohne Folgen für die weitere Entwicklung den Gang derselben nur unterbrechen und aufhalten, sind ohne Weiteres abzuweisen.

---

findet, wird durch das Loss getroffen, ins Meer geworfen und vom Fisch verschlungen, kommt aber nach drei Tagen wieder hervor.

Ist nun in unserem Falle unzweifelhaft *) Sigurd Mittelpunct und Träger der ganzen Sage, so werden wir insbesondere dasjenige festzuhalten haben, was für die tragische
Entwicklung seiner Geschichte von wesentlicher Bedeutung
ist, was dieselbe bedingt oder durch sie bedingt wird. Vor
Allem scheiden sich nun von dem Kern unsrer Sage als
früher eigne Sagenkreise die des Völsungengeschlechts d. h.
der Ahnen Sigurds und die auch hiervon wiederum als ursprünglich selbständig leicht sich lösende Helgisage ab. Sie
sind zwar ohne Zweifel in sehr früher Zeit angewachsen,
von einer ursprünglichen Zusammengehörigkeit kann nicht
die Rede sein. Hiermit lösen sich denn auch die Vaterrache
des Helden, sowie die speciellen Einzelheiten seiner posthumen
Geburt ab. **) Hatte sich einmal die Völsungensage mit
der eigentlichen Sigurdsage verbunden, so musste, wenn
König Siegmund sein Leben auf dem Schlachtfelde gelassen
hatte, nach nordischer Anschauungsweise Sigurd den Vater
unbedingt an den Feinden rächen. Es dünkt mich nicht
unwahrscheinlich, dass der ganze Rachezug Sigurds, von dem
sich ohnehin in Deutschland keine Spur nachweisen lässt,
eine bloss nordische Anbildung sei, wiewohl freilich die
frühere Gestaltung dieser Verhältnisse in Deutschland mit
dem vorhandenen Material sich nicht sicher wird erschliessen
lassen. — Als spätere Anwüchse am Ende fallen weiter von
selbst diejenigen Sagentheile weg, welche, ohne mit den Ge-
schicken Sigurds in irgend einer Beziehung zu stehen, nur

---

*) Höchstens die Darstellung des Nibelungenliedes könnte einigen
Anstoss erregen, da hier der Held schon vor der Mitte verschwindet,
der Höhepunct der Dichtung aber grade im zweiten Theil zu liegen
scheint. Indessen ist längst festgestellt, dass grade dieser zweite Theil
im Wesentlichen von secundärer Genesis für die Erhebung des ursprünglichen Mythus nur sehr wenig in Betracht kommen kann.

**) weshalb denn der dem Sigurd wiederholt gemachte Vorwurf der
Unfreiheit entweder erst verhältnismässig späteren Ursprungs sein muss,
oder aber von seiner Geburt bei Hialprek nicht entnommen sein kann.
cf. unten pag. 38 und die Anmerkung daselbst.

eine mehr oder minder willkürlich gestaltete Geschichte
seiner !'interbliebenen darbieten, die Sagen von Svanhild
und Aslaug, nicht minder natürlich die ganz ungehörige Sage
von Oddrun. Was Atli betrifft, so sei es gestattet, etwas
weiter auszuholen.

Die bedeutendste Verschiedenheit, welche die nordische
Sage und die deutsche überhaupt bieten, ist wohl die, dass
der Tod der Giukunge in der letzteren durch der Schwester
Rachsucht, in der nordischen aber durch Atlis Begierde nach
dem Schatz herbeigeführt und dann durch eben diese Schwester an dem Mörder gerächt wird. Es entsteht sofort die
Frage, welche von beiden Fassungen die ältere sei. Lachmann in der Kritik lässt die Sache unentschieden; W. Müller
(Versuch einer mythologischen Erklärung der Nibelungensage
pag. 30) erklärt die nordische Gestalt für die ältere; ebenso
Müllenhoff (Haupts Zeitschrift X, 174) besonders darum,
weil sich dieselbe enger an die geschichtlichen Thatsachen
anlehne. Dieser Grund ist ohne Zweifel schlagend, wenn
man nicht eben eine doppelte Einwirkung der Historie auf
die Sage mit verschiedenem Resultate annehmen will. Es
ergibt sich für jenen Schluss aber auch ein sehr triftiger
innerer Grund. Denn setzen wir den umgekehrten Fall, dass
nämlich die deutsche Ueberlieferung das Aeltere erhalten
und erst hieraus die nordische Gestaltung sich entwickelt
habe, welches Bedürfnis oder welche Veranlassung könnte
für eine derartige Aenderung aufgefunden werden? Dann
hatte, man ja ein trefflich verbindendes Motiv durch das
Ganze: die hinterlistigen Mörder des schuldlosen Helden
erreicht durch die Hand der tiefgekränkten Gattin die gerechte Strafe: Verbrechen — Rache. Wie hätte man dazu
kommen sollen, diesen Zusammenhang zu zerreissen?

Um indessen Atli dem Mythus vollständig abzusprechen,
hätte man sich nicht damit begnügen dürfen, die Uebereinstimmung der Sage mit den geschichtlichen Ereignissen zu
constatieren; denn damit konnte man doch immer nur beweisen, dass die Historie auf jenen Theil von der Rache

eingewirkt und ihn nach sich gestaltet, keineswegs aber, dass sie ihn überhaupt erst hervorgerufen habe, ohne ein entsprechendes Glied in der Sage vorzufinden. Deshalb muss immerhin die Möglichkeit offen gelassen werden, dass in unserm Fall statt einer Neubildung doch vielleicht nur eine Umbildung anzunehmen und Atli — oder welches immer der Name gewesen — nicht erst durch den Einfluss des historischen Attila in die Sage gekommen sei, sondern vielmehr schon früher in derselben sich befunden haben möge.

Dass aber freilich die Atlisage nicht in der vorliegenden nordischen Gestaltung ein ursprüngliches Glied gewesen sein könne, das lässt sich nicht bezweifeln. Denn auch abgesehen von jenem nachgewiesenen Einfluss der Geschichte ist doch für den Mythus, um es noch einmal zu sagen, ein fester, einheitlicher Faden und Zusammenhang zu postulieren. Dieser aber wird in unsrer Darstellung durch Atli offenbar zerstört, da der Verrath an den Giukungen nicht mehr als Rache für Sigurds Ermordung gelten kann. *) Einmal würde Atli sich doch nur höchst unbefugt zum Rächer des gebrochenen Verbrüderungseides Sigurds mit Gunnar und Högni aufwerfen; zweitens aber war ja Brynhild selbst die Anstifterin von Sigurds Ermordung gewesen, und eben weil Sigurd zum Betrug Brynhildens dem Gunnar behülflich gewesen, war er, nachdem er der Betrogenen zum Opfer gefallen, von dem Bruder dieser am allerwenigsten zu rächen. Es ergibt sich demnach als leitendes Motiv für Atli nur entweder das Streben nach Rache für Brynhild oder seine Habsucht. Beides fasst die nordische Sage auf und so besteht hier ein Schwanken. Eine dritte Darstellung lässt gar das unerlaubte Verhältnis Gunnars zu Oddrun mitwirken, was sich von selbst als spätern Zusatz ausweist. Da nun Atli wegen Brynhildens Tod sich schon früher mit den Giukungen aus-

---

*) wie Rassmann will, Deutsche Heldensage I, 233. Allerdings tritt der Gedanke einer Rache für Sigurd auch in der nordischen Ueberlieferung selbst hervor, (Völsungasaga cap. 36); doch nach der ganzen Darstellung kann dies nicht der wirklich leitende Grund Atlis sein.

gesöhnt hatte, so bleibt als einziger Grund seines Verraths nur die Begierde nach dem Schatz übrig, womit es denn vollkommen stimmt, wenn dem Gunnar die Auslieferung des Schatzes zur Bedingung seines Lebens gemacht wird. *) Wird aber Atlis Habsucht zum einzigen Motiv seines Verrathes, so wird die Einheit der Entwicklung durch diesen letzten Theil allerdings zerrissen, da er sich eben nicht mehr an den Mittelpunct des Ganzen, Sigurd, unmittelbar anschliesst.

Andrerseits aber erkennt man nun grade in dieser losen Verbindung der nordischen Atlisage einen Hauptgrund für die deutsche Aenderung. Sollte dem poetischen Drang nach Einheitlichkeit der Handlung genügt werden, so mussten Sigurds Thaten oder Schicksale auch für die letzte Katastrophe die Ursache werden, es musste die schon ausgesprochene Forderung erfüllt, und der Tod der Giukunge als Rache aufgefasst werden für Sigurds Ermordung.

Als Elemente, welche auf die ursprüngliche Mythenform zurückzuführen sind oder wenigstens dieses Präjudiz haben, bleiben uns demnach im Wesentlichen folgende übrig: Sigurds Verhältnis zu Regin und Fafnir, Brynhildens Erlösung, die Verlobung mit Gudrun, Erwerbung Brynhildens für Gunnar, Tod Sigurds. Als zweifelhaft mag sich hieran noch anschliessen der von Atli handelnde Theil, den ich der Kürze halber Atlisage nennen will. Was Sigurds Besuch bei Gripir, der Gudruns bei Brynhild und ähnliche leicht sich abscheidende Erweiterungen betrifft, so wird davon unten noch die Rede sein.

Den Kern unsrer Sage nun auf die ursprüngliche mythische Gestalt zurückzuführen, haben sich vor Allen *Lachmann* (in der Kritik der Nibelungensage, Rheinisch. Museum,

---

*) Bekanntlich findet sich dieser Zug auch im Nibelungenliede wieder, wo es immerhin auffallend scheinen muss, wenn die wüthende Kriemhilde ihrem Hauptfeinde Hagen, dessen Tod vorher ihr einziges Ziel gewesen, für die Auslieferung des Schatzes das Leben schenken will. Ebenso verhält es sich in der Klage, der Thidrekssaga, dem Siegfriedslied u. s. w.

1832, pag 435 ff.), weiter aber *W. Müller* (Versuch einer mythologischen Erklärung der Nibelungensage, 1841) in hervorragender Weise verdient gemacht. Der erstere stellte, ohne
übrigens gradezu eine Identification zu wollen, Siegfried neben
Baldr, als einen Gott, der auch ermordet wurde: der letztere,
der diese Verbindung hanptsächlich darum angriff, weil durch
Baldrs Mythus doch eben nur Siegfrieds Tod erklärt werde,
ohne dass für seine übrige Geschichte sich Analogieen fänden, *)
hat ihn vielmehr auf Freyr zurückzuführen sich bemüht.
Freilich kam er damit genau in dieselbe Schwierigkeit, die
ihm bei Lachmann anstössig gewesen: denn fehlte dort für
unsre Sage der Anfang, so fehlt hier der Schluss; und wenngleich seine scharfsinnige Vermuthung betreffs einer früheren
Gestaltung des Freyrmythus **) diesen Anstoss zu beseitigen
versucht, so werden sich doch Wenige damit zufrieden geben
wollen. Aber auch ohne mit dieser Combination einverstanden zu sein, wird man bei unbefangener Erwägung aller
Gründe ***) bei seinem Hauptresultat, der Zurückführung
Siegfrieds auf Freyr wohl stehen bleiben können. Hieraus

*) Namentlich nichts von einem Drachenkampf und einer ent-
sprechenden Vermählung mit Nanna. Versuch u. s. w. 122.

**) wonach Kriemhilde auf Holla und Freya zurückgehen, diese
letztere ursprünglich Gerdas Stelle im Mythus eingenommen haben, ihr
Geliebter Odr aber wieder mit Freyr zusammenfallen und die beiden
jetzt getrennten Mythen von Gerda und Odr ursprünglich ein einiger
von Freyr und Freya gewesen sein sollen. Aber abgesehen von Anderem
scheint Odr sich in der That vielmehr neben Odhin zu stellen. (cf. Simrock, Mythol. 221.) — Saxo Grammat. erzählt in seiner histor. Dan.
lib. I, pag. 13 edit. Steph., Othins Gemahlin Frigga habe sich, um das
Gold von der Bildsäule des Gottes zu erlangen, einem Diener hingegeben,
worauf ersterer aus Gram sich entfernt habe. Ebenso gibt sich nach
oberdeutschen Sagen Freid für einen Halsgürtel Zwergen preis, ihr Gemahl
Woud verlässt sie, und sie weint um seinen Verlust Perlenthränen bis
zur Wiedervereinigung. Freid ist Freya, Woud weist durch seinen Namen
wie durch seinen Mythus ebensowohl auf Odr als auf Othinus.

***) cf. auch Haupts Zeitschrift III, pag. 43 ff. „Siegfried und Freyr"
von W. Müller.

folgt ja doch nicht gleich, dass Freyr und Siegfried identisch
sein müssen, vielmehr erscheint unsere Sigurdsage nur als
ein Niederschlag jenes einen Mythus Freys, von dem gewis
noch manche andere, uns nur nicht erhaltene Mythen existiert
haben mögen. Folgen wir also mit den genannten Beschrän-
kungen dem Weg nach, den W. Müller in seinem Versuch
eingeschlagen hat, so geht uns das Wesen Sigurds, des durch
den Sieg Frieden Gebenden, des „Freundes Freys" (Sigurdar-
kv. III, 24) zurück auf das des friedlichen Freyr selbst, in
dessen Mythus unsre Sage ihren Ausgangspunkt und ihr
Verständnis findet; des Freyr, der nach Besiegung Belis die
schöne Gerda mit Ross und Schwert aus der Waberlohe, aus
der Gewalt der ungleichartigen Verwandten erlöst und sich
vermählt, um den fruchtbringenden Sommer herbeizuführen.

Der Wechsel der Jahreszeiten ist unzählige Mal als ein
Kampf entgegengesetzter, friedlicher Gewalten gedacht worden.
Diese Auffassung liegt sehr nahe und findet sich nicht minder
in der poetischen Anschauung unsrer neuesten, als in jener
kindlichen Betrachtungsweise der alten, mythenbildenden
Zeiten. Sie liegt denn auch im Wesentlichen unserem Freyrmythus zu Grunde. Freys Wesen findet seinen Mittelpunkt
in dem Begriff einer durch Regen (Gewitter) und Sonnenschein segnenden, fruchtbringenden Gottheit. Während des
Winters ist seine Thätigkeit gehemmt, die Erde seiner Seg-
nungen beraubt, rauhen und verderblichen Gewalten preisgegeben. Als deren Grundlage betrachten wir das verfin-
sternde und erkältende Sturm- und Schneegewölk des Winters,
das die Erde mit der Rinde des Schnees und Eises und dem
Tosen des brüllenden Sturmwindes umgibt. Es wird als ein
finsteres Jotengeschlecht gedacht, welches eine lichte, heitere
Göttin in seine Gewalt gebracht hat und wider ihren Willen
in derselben festhält: ihre Wohnung ist von Wafurlogi umgeben, sie schläft, sie befindet sich in der Unterwelt. *) Die

---

*) Versuch pag. 82 ff. J. Grimm: „Ueber das Verbrennen der
Leichen." Kleinere Schriften II, pag. 277 u. S. Bei diesem Aufenthalt

wüthenden Hunde, welche den Eingang bewahren, sind das
Brausen und Toben der Sturmwinde. Auch den immer sich
erneuenden Schatz des leuchtenden Sonnengoldes, dessen
Symbol der Ring ist, haben die düsteren, der Unterwelt
entstammenden Gewalten geraubt; neidisch es der Welt vor-
haltend brütet der kalte Drache auf demselben. Denn auch
unter diesem Bilde wird das finstere, Schnee und Eis brin-
gende Gewölk gedacht, das sich vor die Sonne gelagert hat,
oder mit anderen Worten, der Jote vermag sich in Drachengestalt zu verwandeln. Und die Erde selbst hat die Kälte
des Winters in sich aufgenommen, sie ist starr und hart
geworden, eine Verwandte der Joten. So erinnert sie durchaus an die von der Esche Yggdrasill herabgesunkene, ebenfalls in der Unterwelt weilende Idunn *(Hrafnagaldr Odhins)*,
der die Götter ein Wolfsfell schicken. Mit dem Frühling
aber naht der Erlöser, der milde, durch fruchtbaren Gewit-
terregen und Sonnenschein segnende Gott. Seine Aufgabe
muss es sein, die Joten unschädlich zu machen, der Erde
den goldnen Glanz der Sonne wieder zu schenken und die
gute Jahreszeit herbeizuführen. Im Gewitter stürzt er sich
auf den Drachen, den er mit seinem Hirschhorn, dem Blitz-
strahl, erschlägt*) und durch dessen Erlegung er den bisher
verborgenen Schatz des Sonnengoldes erwirbt. Jetzt erst
schreitet er zur zweiten That, zur Befreiung der Jungfrau,
wobei ihm eben sein Schwert, der Sonnenstrahl, hilft; der
Sonnenstrahl, der in die Erde eindringt, sie zum Leben
erweckt und so das Erlösungswerk vollendet.

Man braucht, denke ich, keinen Anstoss daran zu nehmen, dass somit nach unserem Mythus die Befreiung der
Jungfrau erst nach dem Gewitterkampf erfolgt, was dem
natürlichen Gang der Dinge könnte zu widersprechen scheinen.

---

der Göttin in der Unterwelt ist freilich nicht sowohl an die Erde selbst,
als vielmehr an die ihr innewohnende Keim- und Triebkraft zu denken.

*) Hieraus würde sich denn ganz deutlich ergeben, dass die jüngere
Edda in dieser Beziehung allerdings das Richtige erhalten, es aber unverständig motiviert habe. cf. Simrock, Edda, pag. 408.

Ist einerseits die Lösung der Erde von ihrer Eisrinde, die
Heraufführung der während des Winters in der Unterwelt
zurückgehaltenen Keim- und Triebkraft das Werk der ein-
dringenden Sonnenwärme, andrerseits die Sonne selbst — als
Schatz gefasst — von denselben jötunischen Gewalten geraubt,
so müssen naturgemäss zuerst jene Ungetüme vernichtet, der
Schatz ans Licht gefördert werden; und dieser Kampf des
Gewittergottes gegen den Drachen war ja eben das Gewitter.
So erscheint denn noch in der Edda die Erwerbung des
Schatzes (mit welchem nach dem Nibelungenlied und überhaupt wohl nach der deutschen Sage das Schwert verbunden
ist) und die Tödtung des Drachen gradezu als Bedingung
der Befreiung, *Helreidh Brynhildar 10*:

> *thar badh hann einn thegn   yfir at ridha,*
> *thanns mer færdhi gull   thaz und Fáfni lâ.*

Betrachten wir nun aber im Vergleich mit solcher Mythengestaltung den Freyrmythus der Edda, so ergibt sich
abgesehen davon, dass der Drachenkampf nur flüchtig ange-
deutet erscheint, ein beträchtlicher Unterschied in dem Umstand, dass Freyr nicht selbst den Flammenritt ausführt *),
sondern sein Diener Skirnir, „der Heiterer" *(at skirna)*. Indessen kann dieses Verhältnis doch keinerlei Schwierigkeit
verursachen, da die mythische Bedeutung des Rittes in beiden
Fällen dieselbe ist, und es sich nicht bezweifeln lässt, dass
das Letztere eben nur eine Modification des Ersten sei.
Skirnir ist ursprünglich Freyr selbst (cf. Simrock, Mythol. 69).
und erst eine secundäre Ablösung einer Seite seines Wesens
zu einer eignen, mit ihm freilich eng verbundenen göttlichen
Gestalt. Hiermit bildete sich denn der Mythus doppelt aus,
und während die ältere Fassung auf kritischem Weg erschlossen werden muss, (ohne dass ihre Existenz irgend zweifelhaft
sein könnte), ist uns die neuere in Skirnisför erhalten. **)

---

*) Wie auch in dem ganz ähnlichen Mythus von Fiölsvinnsmal
Svipdagr dies selbst thut.

**) Simrock meint, vielleicht mit Recht, es sei auch hier noch eine

Hiernach ist also der Flammenritt dem Skirnir übertragen, auf den hierfür zugleich die Attribute seines Herrn, Schwert und Ross, übergehen. Hiermit ausgerüstet übernimmt er die Fahrt, befreit er die Jungfrau und wirbt um sie für den Herrn. Aber auch nachdem die Lohe von ihm bereits durchbrochen, der Jungfrau die Pforten der Unterwelt geöffnet sind, sträubt diese selbst sich noch, dem Sohne Niörds in Minne zu nahen. Vergebens bietet ihr Skirnir das Gold, Aepfel und den Ring Baldrs; nur die Drohung sie unfruchtbar zu machen, sie ganz der Gewalt der Joten für immer zu übergeben, kann ihr Widerstreben brechen. Im Haine Barri, dem „grünenden“, will sie nach neun Nächten mit Freyr zusammentreffen. — Ganz nahe steht hier unserem Mythus, was Saxo lib. III. pag. 44 f. von Othinus erzählt, von dessen Wesen Freyr nur eine Ablösung ist. Dort sträubt sich des Ruthenerkönigs Tochter Rinda, deren Name schon deutlich auf das harte, gefrorene Erdreich hinweist, genau wie Gerda gegen Odins Minne, der als Goldschmied sie ganz wie Skirnir durch Anbietung von goldnen Ringen *) sich zu Willen zu machen sucht. Aber heftig weist ihn die Jungfrau ab und nur durch Zaubermittel kann er zu seinem Ziele gelangen. Die mythische Bedeutung dieses Widerstrebens der Jungfrau scheint klar zu sein: die Erde hat die Kälte in ihren Schooss aufgenommen, und es bedarf wiederholter Versuche des Gottes, sie zu erwärmen und sich zu gewinnen.

Ist es nun also dieser Mythus, welcher unsrer Siegfriedsage zu Grunde liegt, so stellt sich Brynhild, die Erlöste, neben Gerda, Siegfried selbst aber neben Freyr und Skirnir. Und zwar lässt sich, wenn wir die ganze nachfolgende Geschichte Siegfrieds erwägen, nicht daran zweifeln, dass hier nicht die ältere, ursprüngliche, sondern die neuere Fas-

---

Spur des alten Verhältnisses zu finden, wenn Str. 16 Gerda vermuthet, ihres Bruders (Beli) Mörder (also Freyr selbst) sei vor der Thüre.

*) igitur con.plura fæminei cultus insignia fabricatus tandem armillam cæteris operosius expolitam annulosque complures pari studio decusatos puellæ præbuit.

sung des Mythus zu Grunde liege. Denn so stimmen alle Züge der Sage mit dem Mythus vollkommen überein, während andernfalls unlösliche Widersprüche eintreten. Demnach durchreitet Sigurd im Auftrag und zum Nutzen seines Herrn (Gunnars) die Waberlohe und erlangt die eingeschlossene Jungfrau für ihn zur Ehe. Dass Gunnars Wesen in nichts mehr an das Freys erinnert, kann keinen Anstoss erregen, wenn man bedenkt, wie beschränkt sein Auftreten bei dieser Gestaltung der Sage sein, und weiter, wie sehr sein ganzes Wesen sich modificieren musste, wenn ihn eine fernere Fortbildung zu einem der Mörder Sigurds werden liess.

Doch findet sich nun in der Sage die sehr auffällige Verdoppelung des Flammenrittes. Sigurd, so ist der Bericht der nordischen Quellen, befreit Brynhilden gleich nach seinem Drachenkampf und verlobt sich mit ihr; dann aber begibt er sich von ihr weg an den Hof König Giukis, schliesst mit dessen Söhnen Brüderschaft und vermählt sich, Brynhild vergessend, mit Gudrun. Bald darauf entschliesst sich Gunnar um Brynhild, Budlis Tochter, zu freien. Sie wohnt auf Hindarfiall in einer Burg von Wafurlogi umgeben; nur derjenige soll sie zur Gemahlin haben, der die Lohe durchsprengt. Da dies Gunnar unmöglich ist, so wechselt Sigurd mit ihm die Gestalt, durchbricht das Feuer und erwirbt die Jungfrau für Gunnar. — Die Erklärung dieser auffallenden Erscheinung ergibt sich eben aus jener Ausbildung zweier verschiedenen Mythengestaltungen. *) Hatte nach der einen Fassung der Gott selbst für sich, nach der andern der Diener für den Herrn das Feuer durchritten, so tritt uns in der Sage ein durch mangelndes Verständnis des mythischen Gehalts möglich gewordene Verbindung beider Gestaltungen entgegen. Sigurd ist zuerst der Gott selbst, der nach Erlegung des

---

*) cf. Simrock, Edda pag. 471 f. — Dass der doppelte Ritt kein ursprüngliches Moment gewesen sein kann, leuchtet von selbst ein. Daraus erklärt sich denn nun auch der innere Widerspruch, dass das Feuer auch dem ersten Ritt nicht erlischt.

Drachen und Erwerbung des Schatzes die Lohe durchbricht
und sich selbst die Jungfrau verlobt; dann aber der Diener,
der es für seinen Herrn thut.

Hiermit war denn nun zu einer ganzen Reihe von Neubildungen naturgemäss der Anstoss gegeben. Wenn Sigurd
die Jungfrau im Dienste seines Herrn befreien musste, so
musste er sich nach dem ersten Flammenritt alsbald wieder
von ihr getrennt haben. Die Sage konnte sich dieser Forderung natürlich nicht entziehen; sie erzählt uns die auffallende Trennung, ohne doch nur einen Versuch zu machen,
sie zu motivieren. *) — Zuerst war Sigurd als sein eigner,
freier Herr aufgetreten, beim zweiten Ritt steht er plötzlich
im Dienst eines Andern; wohin hat er sich also nach dem
ersten begeben? Ohne Zweifel eben in den Dienst dieses
Andern, nach der Sage also an den Hof König Gunnars.

---

*) In der indischen Mythologie begibt sich Indra nach seinem
Sieg über Vritra aus Reue auf die Flucht; die Götter wählen sich ein
andres Oberhaupt, dem nun auch Indras Gemahlin zu Theil werden soll.
Diese bittet sich Bedenkzeit aus, und inzwischen kehrt Indra zurück und
tödtet seinen Nebenbuhler. Ganz ähnlich erzählt Saxo III, 45 f., die
Götter hätten den Othinus „variis maiestatis detrimentis divinitatis glo-
riam maculasse cernentes" aus ihrer Gemeinschaft verstossen und an seiner
Stelle dem Ollerus die Herrschaft übertragen. Später kehrt Othinus
zurück und vertreibt den Ollerus, der von den Dänen getödtet wird.
cf. auch lib. I, 13 die Sage von Mitothin. In unseren deutschen Märchen
treffen wir denselben Zug von einer Flucht oder Entfernung des Erlösers
nach seinem Sieg sehr häufig, z. B. im „König vom goldnen Berg" oder
in den „zwei Brüdern". Hiernach mag der Schluss Grund haben, dass
auch im Freyrmythus dieses Moment sich gefunden habe, wenngleich
sich, soviel ich sehe, keine einzige, gewisse Spur hierfür zeigt. Denn
einmal haben wir für Freys Drachenkampf im Wesentlichen ja nur Saxos
Berichte als Quelle; sodann aber kann es auch nicht auffallen, wenn in
unsrer Siegfriedsage nichts Entsprechendes gefunden wird, da bei einem
Zusammenwachsen der älteren und jüngeren Mythengestaltung kaum noch
ein Platz dafür blieb. Ob man übrigens wohl thut, mit dieser Flucht
des Drachentödters die Knechtschaft, der sich zur Sühne des Drachen-
mordes nach Delphischer Sage Apollon hingeben musste, zusammenzu-
halten, mag dahin gestellt bleiben.

Dass in der nordischen Sagengestalt aus dieser Knechtschaft
Sigurds bereits ein Freundschaftsbund mit den Königssöhnen
geworden ist, kann uns nicht beirren; das ursprüngliche
Verhältnis tritt noch in der Sage des Nibelungen- und des
Siegfriedsliedes zwar gleichsam unbewusst, aber doch ganz
klar zu Tage. **) Die Verlobung Sigurds mit der Jungfrau
nach dem ersten Ritt konnte nun natürlich nicht zur wirklichen Vermählung führen, Sigurd musste ja die Braut alsbald seinem Herrn übergeben: er hat, wie die Sage berichtet,
die der Brynhild geschworenen Eide vergessen, hat ihr die
Treue gebrochen und sich mit einer Andern vermählt. Und
hiermit hat der glänzende Held eine Schuld auf sich geladen
und es ist ein Anstoss gegeben, der für die weitere tragische
Gestaltung des Ganzen unzweifelhaft von der grössten Bedeutung sein muss. —

Der Freyrmythus erklärt indessen immer nur den ersten
Theil unsrer Sage, die Ermordung Siegfrieds fehlt. Die
mythische Bedeutung dieser letzten Hälfte kann nicht zweifelhaft sein. Stellt uns der Drachenkampf und der Flammenritt den Wechsel der Jahreszeiten im Frühling, die Vertrei-
bung des Winters und der Kälte durch Sommer und Wärme
dar, so haben wir in dem Tod des Helden den umgekehrten
Wechsel im Herbst, den Sieg der Kälte und Finsternis über
Wärme und Licht zu erblicken. Dass von Freyr selbst ein
demgemässer Mythus existiert habe, ist, wie schon bemerkt,
durch W. Müllers Vermuthung nicht wahrscheinlich gemacht.
Indessen hat, wie gleichfalls schon angegeben, bereits Lachmann a. a. O. 456 eben in Betracht dieses zweiten Theils
unsrer Sage auf Baldr hingewiesen, als einen Gott, der

*) Im Nibelungenlied lässt es der Dichter freilich ein bloss schein-
bares Dienstverhältnis sein; nach dem Siegfriedslied dient der Held dem
König Gibich die schöne Tochter ab. — Hatte man einmal vergessen,
wem Siegfried ursprünglich dienstbar gewesen, ohne doch den wiederholt
gegen ihn gerichteten Vorwurf der Knechtschaft überhaupt aufzugeben,
so musste man sich diese, so gut es gehen wollte, anderweit erklären
und suchte sie nun in seiner Geburt bei Hialprek.

auch getödtet wurde, und was wir von seinem Mythus wissen, lässt diese Vermuthung nicht unbegründet erscheinen. Gegen eine einfache Identification Baldrs mit Siegfried hat Lachmann sich selbst schon verwahrt; und freilich kann auch hier der Mythus nur als Grundlage und Ausgangspunkt der Entwicklung (ja vielleicht nur als sehr ähnliches Analogon) gelten. Was wir von Baldr wissen, ist im Wesentlichen der Bericht der Edden und die entsprechende Erzählung des Saxo Grammaticus lib. III pag. 39 sqq. Die letztere zeigt allerdings eine tiefgehende und auffallende Verschiedenheit von dem ersteren, namentlich in dem, was die Stellung der Nanna zwischen den beiden Gegnern betrifft. Der eddische Mythus von Baldr ist bekannt. Da den Gott unheilverkündende Träume schrecken, so werden alle Dinge der Welt in Eid genommen, dass sie Baldrs schonen wollen. Nur ein Gewächs, die Mistel, ist ihrer Jugend wegen von Frigg übergangen. Loki, der dies erkundet hat, holt die Mistel und gibt sie dem blinden Hödr, der Baldr damit erschiesst. Die Leiche wird auf das Schiff Hringhorn gebracht und mit Nanna, der über dem Tod des Gemahls das Herz gesprungen war, zugleich verbrannt. Odins und Rindurs Sohn, Wali, wird sein Rächer. — Nach Saxo liebt Nanna, die Tochter des Königs Gevarus, den Hotherus, der *ad quoscunque volebat motus variis modorum generibus humanos impellebat affectus.* „*accidit autem, ut Othini filius Balderus Nannae corpus abluentis aspectu sollicitatus infinito amore corriperetur.*" „*Hotherum itaque, per quem maxime votum interpellandum timebat, ferro tollere constituit.*" Dieser, durch Waldjungfrauen von Allem benachrichtigt, bittet ohne Verzug den Gevarus um seine Tochter. Hieran schliesst sich der Kampf der beiden Nebenbuhler. Baldr, dessen Bewerbung von Nanna selbst zurückgewiesen wird, rückt mit Heeresmacht in Gevars Gebiet ein. Er ist unverwundbar, nur ein Schwert kann ihn verletzen, das ein Wald-satyr, Mimring, besitzt. Hotherus überfällt diesen und zwingt ihn, das Schwert sowie einen Ring mit der wunderbaren Kraft, seines Besitzers Schätze zu vermehren, ihm auszulie-

fern. Er besiegt nun den Baldr in einer grossen Schlacht
und vermählt sich mit Nanna, wird aber dann von Baldr
wiederholt geschlagen. Zuletzt trifft er diesen nachts vor
seinem Lager und durchbohrt ihn mit dem Schwert. Rache
nimmt auch hier Othins und der Rinda Sohn, Bous; von
Nanna ist keine Rede mehr.

Dass Hotherus, der als dänischer König galt, eben
darum auf Kosten seines Gegners stieg, ist ganz begreiflich;
schon ist der Hven'schen Chronik erwähnt, wo genau derselbe Vorgang an Siegfried und Hagen selbst zu beobachten
ist; und vielleicht geht es ebenfalls auf diesen Grund zurück,
wenn Nanna sich lieber zu Hother hinneigt als zu Baldr.
Dennoch scheint es bedeutsam, dass Hother überhaupt nach
Nannas Besitz strebt, dass um sie der ganze Streit entbrennt,
da wir, wenn sich gleich in dem eddischen Bericht keine
Spur hiervon zeigt, doch grade darin ein wesentliches Moment
des Freyrmythus und der meisten analogen Bildungen erkennen. Dass Balder die Nanna zuerst im Bad erblickt und
sich mit solcher Heftigkeit in sie verliebt, dass er erkrankt,
könnte wohl auch an Freyr erinnern, der die Gerda zuerst
von Hlidskialf aus sieht und aus Liebe zu ihr gemüthskrank
wird. Auch Ring und Schwert sehen wir bei Saxo ihre
Rolle spielen. Es scheint daher die Vermuthung Grund zu
haben, dass der Baldrmythus ursprünglich auch in einer
andern, dem Freyrmythus noch näher stehenden Gestaltung
existiert haben möge.

Jedenfalls aber stehen sich die beiden Erzählungen von
Baldr und Freyr der Bedeutung nach sehr nahe, wie ja
ähnliche Mythen bei dem verwandten Wesen beider Gottheiten (Licht und fruchtbringende Wärme) ganz natürlich
sind. Nur die Anordnung und der Ausgang ist verschieden;
bei dem einen ist der Grundgedanke gewissermassen „Freud'
aus Leid", bei dem andern „Leid aus Freud'": Baldrs Geschichte beginnt mit der vollendeten Herrschaft des Lichts
und führt uns aus Sieg und Herrlichkeit zu Jammer und
Tod; die Freys beginnt umgekehrt mit der Herrschaft der

finsteren Gewalten und führt durch Kampf zum endlichen
Sieg des Gottes und zu seiner Vermählung. Boten somit die beiden Mythen gegenseitiger Anknüpfungspunkte genug, so lässt sich andrerseits auch sehr wahr-
scheinlieh machen, dass Lachmanns erwähnte Vermuthung
wenigstens in so weit begründet sei, als der zweite Theil
unsrer Sage wirklich auf den Baldrmythus zurückgehe. Zunächst eine durchgreifende Analogie des Wesens und der
Schicksale der Hauptpersonen. Ein glänzender Held, dessen
leuchtende, den Mörder wiederholt wegschreckende Augen
schon deutlich genug seine lichtverwandte Natur bekunden,
fällt in der Fülle seiner Herrlichkeit durch Meuchelmord.
Ihm gegenüber Hagen, *) bei dem schon der überall hervor-
tretende Gegensatz des Characters und die beständige Feind-
seligkeit gegen Siegfried und seine Angehörigen von selbst
auf einen ursprünglichen Gegensatz des Wesens hindeuten.
Aber auch ausserdem ist seine finstere, dämonische Natur
genugsam bezeugt. Nach der Thidrekssage ist er der Sohn
eines Elben, sein Antlitz das eines Gespenstes, bleich wie
Bast und fahl wie Asche, gross und von Ansehen zornig
und grimmig. Ganz übereinstimmend heisst es Nibelungenlied (Zarncke 1865) 265, 1 von ihm:

Der helt was wol gewahsen, daʒ ist al wâr:
groʒ was er zen brüsten, gemischet was sîn hâr
mit einer grîsen varwe; diu bein im wâren lanc
und eyslich sîn gesihene: er hête hêrlîchen ganc.

Nicht minder darf seine Einäugigkeit, sowie sein eigner Name
("Dorn") und der seines Vaters Agazi (Lachmann, Kritik
456 f.; Rassmann. Deutsche Heldensage I, 168) in Betracht
kommen. Alles zusammengenommen, kann es daher kaum

---

*) Gegen seine mythische Abkunft wird sicherlich der Umstand
nichts beweisen, dass in alten Urkunden ein Ort Thronie im Elsass auf-
geführt ist. Denn zugegeben, die „trojanische" Herkunft sei lediglich
von diesem Orte herzuleiten, so wäre damit immer nur bewiesen, dass
die Sage ihre Ereignisse localisierend einem ihrer Helden eine bestimmte
Abkunft zuwies.

einem Bedenken unterliegen, ihn als Gegner der Lichts dem
finstern Hödr zur Seite zu stellen. Aber auch die Stellung
der dritten Hauptperson, Kriemhildens, scheint der Nannas
sehr wohl zu entsprechen. Nanna ist die Gemahlin des
Gottes, dessen Gegner (bei Saxo wenigstens) ebensowohl
nach ihrem Besitz als nach ihres Gatten Tod trachtet. Dem
Bericht des Letzteren zufolge bleibt sie bei dem Tode Baldrs
in der Gewalt des Mörders, während sie nach der Edda in
die Unterwelt hinabgeht. Dem mythischen Gehalt nach wäre
beides unzweifelhaft dasselbe; das Erstere aber, falls es (was
möglich ist) auf einen ursprünglichen Zug zurückgeht, scheint
unsrer Sage näher zu stehen. Nach dem Nibelungenliede
zieht König Siegmund beim Tode seines Sohnes in sein
Reich zurück, Kriemhilde aber nicht mit ihm, wie man nach
der nordischen Sage, wo Gudrun zu König Hialprek flüchtet,
vielleicht erwarten könnte: sie ist zwar bereit ihm zu folgen,
wird aber durch die Bitten ihrer Freunde zurückgehalten.
Und doch hat sie kaum Freunde in Worms, ihr einziges
Söhnlein weilt in den Niederlanden, Siegmund fordert sie
auf, mitzuziehen und macht ihr alle Versprechungen, sie
selbst hat es ihm zugesagt. Der wahre Grund ihres Bleibens
scheint ein andrer zu sein, sie möchte wohl gerne fortziehen,
wird aber in der Gewalt der Feinde zurückgehalten.

Stimmt so Wesen und Schicksal der Hauptpersonen im
Ganzen überein, so wird unser Schluss andrerseits durch
eine Reihe gleichartiger Züge im Einzelnen bestätigt. Nach
der Edda ist Baldr für Alles unverletzlich, ausgenommen die
Mistel, nach Saxo für Alles bis auf ein bestimmtes Schwert.
Vollkommen entsprechend Siegfrieds Unverwundbarkeit, die
in der deutschen Sage allerdings etwas modificiert erscheint,
in so fern der Held unverletzlich ist, mit Ausnahme einer
Stelle zwischen den Schultern. In der eddischen Sage ist
hiervon keine Rede, und wenn nun doch mit dem Blute des
Drachen ein wunderbarer Schutz verbunden ist, Sigurd aber
dieses Blut trinkt, so ist kaum zu bezweifeln, dass auch er
ursprünglich am ganzen Körper unverwundbar gewesen ausser

für ein Schwert (oder auch für jenen einen Mörder).
Vielleicht sogar liesse sich jene geheime Speise, welche nach
Saxos Erzählung (III, 43) Baldrs Kräfte vermehrt, mit Sigurds Bluttrinken zusammenstellen. — Vollkommene Uebereinstimmung zwischen Sage und Mythus scheint auch da
statt zu finden, wo Loki die einzige Möglichkeit, Baldr zu
tödten, von Frigg auf listige Weise erkundet. Ganz ebenso
macht es nämlich Hagen, Nibelungenlied 135, 3—137, 3. *)
— Wenn die Edda dem Baldr sein bevorstehendes Ende
durch böse Träume ankündigen lässt, so begegnen uns auch
in der Sage solche prophetische Träume bei Kriemhild.
Leider ist uns der Inhalt der ersteren verschwiegen, der
uns die Uebereinstimmung vielleicht noch grösser würde
erscheinen lassen. Denn gewis ist es im Nibelungenliede
nicht gleichgiltig, wenn Siegfried Kriemhilden als Falke im
Traum erscheint, *„den ir zwêne arn erkrummen"*; da sich ge-
wöhnlich nur Götter des Falkenhemdes bedienen, Joten aber
in Adlergestalt zu wandeln pflegen. cf. Simrock, Mythologie
32. Mimring, der ursprüngliche Besitzer des Schatzes und
Schwertes, erinnert durch seinen Namen und einigermassen
auch durch seine Stellung an den Mimir der Thidrekssaga;
Schatz und Ring selbst sind bereits oben erwähnt; auch sie
gehen in die Hände der finstern, unterirdischen Gewalt über,
was unsere Sage wiederum mit Saxos Erzählung gemein hat.

Nach diesem Allem scheint der obige Schluss, der zweite
Theil von Siegfrieds Geschichte gehe auf den Baldrmythus
zurück, wohl begründet und wir also zu der Annahme berechtigt, dass die ganze Sage aus zwei einander nahe stehenden Naturmythen zusammengewachsen sei, dem Freys und
dem Baldrs. **)

---

*) Die Unverwundbarkeit Siegfrieds hätte nicht so ohne Weiteres
für unecht erklärt werden sollen; sie findet sich auch in indischen Märchen wieder, deren genaue Vergleichung mit den unsern vielleicht noch
manchen interessanten Schluss gestatten würde.

**) Wem diese Annahme noch zu bedenklich scheinen sollte, der
könnte immerhin unsere Sage aus denselben Ideen, wie jene beiden

Dem Drachenkämpfer und Befreier der Jungfrau tritt also nunmehr im zweiten Theil ein Gott zur Seite, der mit seiner Geliebten wirklich vermählt, derselben endlich durch die Hinterlist seiner Feinde geraubt wird. Die ihm Vermählte kann selbstverständlich nicht mehr die aus der Waberlohe Befreite sein, mit der sie dem Wesen nach am nächsten zusammen gehören würde; denn diese musste er nach der bereits besprochenen Neubildung des Mythus ja seinem Herrn abtreten; es ist vielmehr eine Andere und selbstverständlich eben die, um deretwillen der Held sich jenes (oben als natürliche Consequenz der Verdoppelung des Flammenritts erwähnten) Treubruchs an der ersten Verlobten schuldig gemacht. So löst sich denn die Schwierigkeit mit dem Vorhandensein zweier Jungfrauen in der Sage ganz von selbst, und auch ohne dass es der unwahrscheinlichen Conjectur W. Müllers bedürfte, wornach die Waberlohe nur durch eine Verwechselung der Brunhilde zugetheilt worden wäre. *)

Mythen entsprungen sein lassen, oder besser gesagt, er könnte sie auf einen Mythus zurückführen, der die beiden Freys und Baldrs dem Ideeengehalt nach in sich vereinigte. Von einem solchen Mythus aber findet sich nirgends eine Spur. — Andrerseits aber wird man zugeben müssen, dass, wenn die Ausbildung der Sage wirklich in der vermutheten Weise vor sich gieng, die Einwirkung beider Mythen aufeinander manchen alten Zug modificieren oder gar vernichten musste, und dass deshalb um so mehr Werth auf die erhaltenen — immerhin doch sehr beträchtlichen — zusammentreffenden Einzelheiten sowie namentlich auf die Uebereinstimmung im Ganzen gelegt werden darf.

*) Nach Müllers Ansicht (Versuch u. s. w. 58 f.) wäre die ursprünglich eine Jungfrau nach den zwei Seiten ihres Doppelwesens in zwei verschiedene Gestalten, eine milde, heitere und eine rauhe, finstere, zerspalten worden. Wie aber alsdann der Mythus weiter sich entwickeln musste, das können wir uns, wie ich denke, bis zu einem gewissen Grad selbst erschliessen. Die schöne, lichte Jungfrau stand dem Licht- und Wärmegott als Geliebte oder Gemahlin zur Seite, die finstere, hässliche blieb mit seinen Feinden als Schwester oder wie immer verbunden. Aber abgesehen davon, dass grade die Jungfrau im Freyrmythus ihre Doppelnatur durch den Widerstand, den sie der Bewerbung des Gottes ent-

Hatte sich die Sage nun einmal so gestaltet, dass Sigurd nach dem ersten Flammenritt an Gunnars Hof kam, sich dort in fremde Dienstbarkeit begab und mit einer Andern verlobte, so lag es nicht mehr weit ab, diese Treulosigkeit von Seiten des Helden fremden Zauberkünsten schuld zu geben: Grimhild reicht ihm einen Vergessenheitstrank, um ihn an ihr Haus zu fesseln. Und näher fast noch lag, die neue Verlobte eben die Schwester (oder Tochter) des Herrn sein zu lassen, um deretwillen der Held jenem diente und die eingeschlossene Jungfrau zur Braut erwarb. — Hierzu würde namentlich die Darstellung des Nibelungen- und des Siegfriedliedes stimmen. Nach dem letzteren dient, wie schon bemerkt, Siegfried nach dem Drachenkampf am Hof des Königs Gibich diesem seine Tochter ab; nach dem ersteren verweilt er ebenfalls lange Zeit am Hof der Burgunden und leistet ihnen Beistand gegen die Sachsen, worauf er wie zum Lohn die Jungfrau das erste Mal zu sehen bekommt.

Schon oben wurde bemerkt, dass die einmal auf dem Helden lastende Schuld des Treubruchs für die weitere Ausbildung einer vollständig tragischen Verwicklung den frucht-barsten Keim enthielt. War die Sage einmal in der angegebenen Weise zusammengewachsen, so musste nach poetischer Gerechtigkeit die Schuld des Helden eben die Ursache, die Betrogene die Anstifterin seiner Ermordung werden. Und hieraus erklärt sich denn weiter ganz einfach der vollständige Umschwung der Stellung und des ganzen Wesens Gunnars, der jetzt, durch seine Gemahlin aufgereizt, Theilnehmer des Mordes wird und zu dem ursprünglich e i n e n Mörder Hagen in Beziehung tritt.

Fassen wir das Gesagte zusammen, so dürfte sich in der Entwicklung unsrer Sage wohl folgender Stufengang annehmen lassen.

---

gegensetzt, noch ganz deutlich bekundet, sah sich Müller auch weiter gezwungen, jene aus vielen Gründen unwahrscheinliche Hypothese von einer fälschlichen Uebertragung der Waberlohe auf die rauhe, finstere Jungfrau aufzustellen.

1. Reiner Freyrmythus: der Gott (identisch mit Skirnir) besiegt den Drachen im Gewitter, befreit die von ihren Verwandten eingeschlossene Jungfrau und vermählt sich mit ihr, den fruchtbringenden Sommer herbeizuführen.

2. Aus Freys Wesen löst sich Skirnir ab und tritt an seine Stelle als Befreier der Jungfrau, und diese neue Gestaltung des Mythus verbindet sich mit der älteren, so dass eine Art von Verdoppelung entsteht: der Held erlegt den Drachen, erwirbt den Hort, durchbricht die Waberlohe und verlobt sich mit der Jungfrau. Dann aber verlässt er sie wieder, scheinbar ganz ohne Grund; er begibt sich in den Dienst Gunnars, befreit für ihn die abermals in der Waberlohe gefangen Gehaltene und erwirbt sie ihm zur Gemahlin.

3. Mit dem Freyrmythus verbindet sich der Mythus Baldrs zum Grundkern unsrer Siegfriedsage. Sigurd hat seiner ersten Verlobten die Treue gebrochen und sich mit der Schwester seines Herrn vermählt. Dieser Treubruch wird die Ursache seines Todes, indem die Betrogene durch Aufreizung ihres Gemahls und ihrer Freunde für sich Rache sucht.

Halten wir nun aber den zweiten Theil unsrer Sage mit dem Mythus Baldrs zusammen, so zeigt sich, dass bei dem letzteren doch noch ein nicht unwichtiges Moment sich findet, dem bis jetzt in unsrer Sage noch nichts entspricht: ich meine die Rache, welche der nachgeborne Bruder Wali an dem Mörder vollstreckt. *Vegtamskvidha 11 (Vala* spricht:)

Rindr berr   i vestrsölum
sâ mun Odhins sonr   einnaettr vega;
hönd um thwaer   nê höfudh kembir,
âdhr â bâl um berr   Baldrs andskota.

cf. Saxo Grammat. III, 44—46. Und betrachten wir den Mythus Baldrs an sich, wir müssten ihn in der That für verstümmelt halten, sollte diese Rache uns fehlen. Wir sehen Baldr, den herrlichen, strahlend in der Fülle der Schönheit, im beneideten Besitz der Nanna durch die Hand eines finstern, tückischen Gegners ermordet; die Sonne auf der Höhe ihrer Laufbahn zum Niedersinken gezwungen; wir stehen vor der Aussicht auf die Herrschaft der hässlichen Feinde. So schliesst keiner unsrer Mythen ab; überall vielmehr folgt der Hinweis auf die Rückkehr der freundlichen, segnenden Macht. Betrachten wir alle analogen Mythen, den von Idunn, den der Thrymskvidha, den vom Riesenbaumeister u. s. w. alle zeigen auf die Erneuerung des kommenden Frühjahrs; — der unvollständige Mythus in Hrafnagaldr kann nicht als Ausnahme gelten.

Was nun aber den Mythus von Baldr betrifft, so haben wir schon stillschweigend angenommen, dass er, der nach der eddischen Darstellung nur noch als Anzeichen des nahenden Weltuntergangs erscheint, ursprünglich sich vielmehr auf das gewöhnliche Naturjahr bezogen habe. *) Wird nun also nach jener Darstellung Baldr durch den inzwischen geborenen Bruder Wali gerächt, und kehrt er selbst nach dem Weltuntergang bei der allgemeinen Erneuerung aus Hels Reich zurück, so müssen wir folgerichtig diese Rückkehr und Rache auch für die ursprüngliche Beziehung des Mythus auf das Naturjahr annehmen; auch hier empfieng der Mörder durch den nachgebornen Bruder des Gottes seinen Lohn und kehrte dieser selbst im Frühling bei der Erneuerung der Natur zurück, um sich wiederum im Genuss seiner Nanna des alten Glanzes, der alten Herrlichkeit zu erfreuen.

Das Moment der Wiedergeburt und Rache ist also in unserem Mythus wesentlich, wenn es gleich die jüngere Edda bei ihrem Bericht über Baldrs Geschick anzuführen unterlassen hat. Wie steht es mit unsrer Sage? Auch hier finden wir eine Rache an den Mördern Sigurds, die mit ihrem völligen Untergang endigt; haben wir das Recht, sie einfach als unmythisch aus unsrer Sage zu verweisen? Die allgemeine Ansicht scheint diese Frage allerdings zu bejahen und den Grund dazu habe ich schon oben angeführt: die Ka-

---

*) Ein Zweifel kann keinenfalls stattfinden. cf. Simrock, Mythol. pag. 90.

tastrophe, welche dieser Theil der Sage berichtet, geht auf
historische Ereignisse zurück. Indessen, wie ebenfalls schon
bemerkt, diese Thatsache kann doch nur beweisen, dass die
Historie hier gestaltend auf die Sage eingewirkt habe, nicht
aber, dass sie diesen ganzen Theil erst hervorgerufen. Fordert also der Mythus, auf den die Sage zurückgeht, die
Rache, so sind wir berechtigt und genöthigt, sie auch hier
zu postulieren. Und selbst dann müssten wir diese Forderung aufrecht erhalten, wenn es der Baldrmythus gar nicht
wäre, der unsrer Sage zu Grund läge; denn in jedem Falle,
wäre ein ähnlicher und analoger Mythus anzunehmen, so
lange man überhaupt an eine mythische Grundlage denkt.
Von diesem analogen, uns nicht überlieferten Mythus aber
würde ganz dasselbe gelten, was vom Baldrmythus gesagt
werden kann; auch bei ihm müssten wir nach dem Beispiel
sämmtlicher verwandten Bildungen die nachfolgende Wiedergeburt und Rache als wesentliches Moment voraussetzen.

Ein weiterer Grund aber für das ursprüngliche Vorhandensein der Rache in unsrer Sage darf wohl auch darin
erkannt werden, dass andernfalls kaum mehr abzusehen wäre,
welche Uebereinstimmung der Sage mit der Historie für jene
Anbildung die Basis abgegeben hätte. Denn was bleibt uns
dann noch Uebereinstimmendes übrig? Der theilweise zu-
treffende Name der Jldico und vielleicht noch der burgundische Name Gundaharius, den zuletzt Müllenhoff mit grosser
Entschiedenheit der Sage vindiciert hat; *) ausserdem haben
wir nichts als den unbestimmten Drang der Sage sich fort-
zubilden. Und überdies müsste ja auch die erste Uebereinstimmung, die des Namens Jldico, wieder ganz zurücktreten,
da Attila mit seiner Ermordung eben erst wieder durch die
Anlehnung der Sage an die Burgunden in diese eingetreten
wäre. Man muss zugeben, dass in diesem Falle jene Zu-

---

*) a. a. O. 155 f. Wäre es denn aber nicht doch vielleicht mög-
lich, dass grade umgekehrt Gundrun einer historischen Prinzessin Name
gewesen?

sammenfügung der Sage und Geschichte weit weniger das
Werk naturgemässer Entwicklung als das eines spielenden
Zufalls scheinen müsste.

Demnach müssen wir allerdings zu dem Schluss kommen,
der Theil von der Rache sei keineswegs erst durch den Einfluss der Historie hervorgerufen, sondern vielmehr ein ur-
spünglicher, mythischer Bestandtheil. Eine andere Frage
aber freilich ist die, ob schon die älteste uns erhaltene Sagengestalt, die eddische, jene Anlehnung an die Historie
zeige. Bekanntlich existierten auch hierüber zwei verschiedene
Meinungen, die W. Grimms und die Lachmanns, von welchen
der Erstere für die eddischen Lieder (ausser den beiden
späteren Atlamâl und Atlakvidha) die historische Anlehnung
vollständig abwies. Die Sache kann übrigens jetzt, besonders
nach den Ausführungen Müllenhoffs *) wohl als abgethan
gelten. So gering immer die Uebereinstimmung der nordischen Sage mit der Historie erscheint, so kann doch selbst
dies Wenige nicht als zufällig gelten.

Geben wir also für die vorliegende eddische Gestalt der
Sage die Anlehnung an die Geschichte bereitwillig zu, so
drängt sich mir andrerseits bei näherer Betrachtung dieses
Theils die Ueberzeugung auf, dass wir sogar noch weitere
Einwirkungen fremdartiger Elemente nicht wohl werden ab-
weisen können. Die ganze Erzählung nämlich von dem
Verrath Atlis an seinen Schwägern zeigt eine durchgehende
Aehnlichkeit mit den Schicksalen Völsungs und seiner Söhne
bei Siggeir, wie sie Völsungasaga cap. IV ff. erzählt werden.
Zunächst eine einleuchtende Uebereinstimmung im Ganzen
der Ereignisse. Ein mächtiger König lockt seine Schwäger
zu sich, überfällt sie verrätherisch mit Heeresmacht und
vernichtet sie nach der tapfersten Gegenwehr; die Schwester
nimmt sich der Verrathenen an, den Verräther erreicht die
Rache. Dazu kommt das Zusammentreffen vieler und bedeutsamer Züge im Einzelnen. Wie hier die Schwester

*) a. a. O. 147 ff.

4

Gudrun an Atli, so wird dort Signy an Siggeir, beide gegen
ihren Willen, vermählt. Beide sehen ahnungsvoll voraus,
dass aus ihrer Heirat grosses Unheil entstehen wird. Der
Einladung Siggeirs entspricht dann die Atlis, nur ist hier
die Motivierung eine andere, die freilich unwahrscheinlich
genug klingt. Die Völsunge kommen spät abends bei Siggeir
an, Signy erscheint sogleich, zeigt ihnen den Verrath an
und fordert sie auf, zurückzukehren und ein mächtiges Heer
zu sammeln. Ganz so Gudrun, als sie ihre Brüder sieht
(Atlakv. 15):

> Rádhinn ertu nú Gunarr!   hvat muntu ríkr vinna
> vidh Húna harmbrögdhum?   höll gakk thú or snemma!

Und Gunnar erwidert (17):

> Seinadh er nú, systir,   at samna Niflungum.

Und hier wie dort entspinnt sich ein harter Kampf, an dessen
Ende die Brüder gefesselt werden; nur Völsung fällt, dem
in unsrer Sage Niemand entspricht. Die Gefesselten werden
an einer Stelle des Waldes in einem Stock ausgesetzt; des
Nachts kommt eine Elk, die einen nach dem andern todt
beisst, und diese Elk heisst es, sei König Siggeirs Mutter
gewesen, die durch Zauberei diese Gestalt angenommen hätte.
Ganz ähnlich wird Gunnar gefesselt in den Schlangengarten
gesetzt; durch Harfenspiel besänftigt er die Schlangen; zuletzt aber

> thá kom in arma   út skaevandi
> módhir Atla,   hon skyli morna!
> ok Gunnari   gróf til hiarta.

Auch darf angeführt werden, dass Gudrun ihre zwei Kinder
von Atli umbringt, eben wie Signy (und zwar zweimal) ihre
zwei Söhne von Siggeir durch die Völsunge tödten lässt; und
dass, wie Siegmund und Sinfiötli die Burg Siggeirs endlich
mit Allem, was darinnen ist, den Flammen übergeben, ebenso
auch Grudrun zum Schluss die Burg Atlis mit allen ihren
Bewohnern verbrennt. Ja es scheint mir sogar kaum zweifelhaft, dass, wie Signy mit ihrem Gemahl in den Flammen
freiwillig starb, so auch Gudrun ihre Rache ursprünglich
nicht überlebte, ihren Tod aber nicht, wie es jetzt heisst,

im Meere, sondern ebenfalls im Feuer suchte. *) Freilich könnte ein bedeutsamer Unterschied beider Sagen darin zu liegen scheinen, dass in der Atlisage das ganze Geschlecht der Niflunge zu Grunde geht, während bei den Völsungen vielmehr einem Ueberlebenden und seinem Sohn grade das Rachewerk zufällt. Aber einerseits muss in der ursprünglichen Atlisage der Kampf allerdings mit der gänzlichen Vernichtung des Mördergeschlechts geendigt haben, andrerseits glaube ich eben hier von der Völsungensage einen Aufschluss über die zweifelhafte Erscheinung Hniflungs, des nachgebornen Sohnes Högnis, zu erhalten, der ja auch — in Verbindung mit Gudrun — der Rächer seines Geschlechts ward. Nach der Völsungensage lässt Signy ihre beiden Söhne darum tödten, weil sie sich als untüchtig zur Unterstützung des Rachewerks erweisen, und begibt sich dann in veränderter Gestalt zur Hütte des Bruders, um mit demselben einen echten Völsung reinen Bluts zu erzeugen — Sinfiötli, den künftigen Rächer. Ganz ebenso werden, wie schon erwähnt, nach den eddischen Liedern von Gudrun ihre zwei Söhne umgebracht, nur dass die Motivierung fehlt; die Rache wird dann aber von ihr in Gemeinschaft mit eben jenem Niflung ausgeführt. Von dessen Herkunft berichten die eddischen Lieder nur, dass er Högnis Sohn gewesen. (Atlamal 87). Sehr interessanten weiteren Aufschluss aber gibt die Thidrekssaga und sodann die Hvensche Chronik, wonach seine Stellung der Sinfiötlis fast vollständig analog wird. Hiernach wird er nämlich eben wie dieser erst nach dem Kampf von dem auf den Tod verwundeten Högni speciell und lediglich zur Vollstreckung der Rache mit einer Jungfrau des Landes erzeugt; doch mochte, was die Mutter betrifft, ein vorgerückteres Zeitalter die blutschänderische Erzeugung vielleicht gern unterdrückt haben.

*) Die Umwandlung musste eintreten, sobald die Sage von Jonakr anwuchs. Da liess man Gudrun sich ins Meer stürzen, von den Wellen aber fortgetragen werden, und setzte dann ihren Feuertod ans Ende ihrer ganzen, jetzt erweiterten Geschichte. (Gudhrunarhvöt 20.)

Aber ich bin weit entfernt, auf das Zusammentreffen
solcher Einzelheiten, deren sich leicht noch mehrere anführen
liessen, an und für sich einen übertriebenen Werth zu legen;
sie sind nur von Bedeutung, weil die Uebereinstimmung im
Grossen und Ganzen sie bestätigt. Uebriges scheint es mir
schon jetzt ganz ersichtlich zu sein, dass die Sage von
Siggeir und die betreffenden geschichtlichen Ereignisse unter
Attila sich gleichsam gegenseitig ergänzten zu der vorliegenden Gestalt der nordischen Atlisage; und es würde sich nun
durch diese zwiefache Einwirkung von aussen leicht erklären,
auf welche Weise die Umwandlung der letzteren von ihrer
ursprünglichen Gestaltung zu der in den eddischen Liedern
gegebenen vor sich gegangen sein möchte. Denn wie jene
im Allgemeinen beschaffen gewesen sein müsse, können wir
nach Analogie unsres Mythus annähernd erschliessen. Nach
der Ermordung des Helden fällt seine Gemahlin in die Gewalt derselben Mächte zurück, bei welchen wir sie im Beginn
des Freyrmythus finden; sie weilt abermals in der Unterwelt.
Da wird der Rächer geboren, Wali, des Ermordeten Bruder,
oder auch, was ja genau dasselbe ist, der Ermordete selbst
wird wiedergeboren, der Gemahl oder, wie die Sage erzählt,
der zweite Gemahl der Gefangenen: er vernichtet seine
Feinde, erwirbt den Schatz von neuem, befreit die trauernde
Witwe und feiert sein Vermählungsfest. Dass freilich die
Erlöste an diesem zweiten Gemahl nicht wieder für den Tod
der Brüder Rache üben könne, ist ebenso klar, als dass ihr
nicht selbst das Rächeramt für die Ermordung des Gatten
zufallen konnte. Atli ist der Rächer des Mords, der Befreier
Gudruns, diese selbst noch in der Macht der Feinde und bei
dem Rachewerk vollständig unthätig; grade genug, um die
spätere Neuerung, wonach sie die Brüder an Atli selbst
rächt, möglich zu machen.

Aber es ist einleuchtend, dass nicht einmal die oben
besprochene Verbindung des zweiten Theils unsrer Sage von
dem Mord und der Rache mit jenem ersten von dem Drachenkampf und dem Flammenritt ohne Einwirkungen auf die

Atlisage bleiben konnte. Wenigstens mussten anstatt des ur- sprünglich einen Mörders jetzt auch hier schon deren zwei erscheinen, Gunnar und Högni; und wurde einmal Gunnar als König gedacht, in dessen Dienst Sigurd sich begeben hatte, so lag es gewis auch sehr nahe, ihn später seinem Gegner mit Heeresmacht gegenüber zu stellen, wodurch dann selbstverständlich bei diesem dasselbe nöthig ward.

Welche Uebereinstimmung nun aber in den beiden Sagen von Siggeir und Atli vor ihrer Berührung mit einander die Grundlage für jene Anähnlichung gebildet haben möge, das im Einzelnen untersuchen zu wollen, muss freilich als ver- gebliche Arbeit erscheinen, da wir ja eben von der ursprüng- lichen Gestaltung der Atlisage im Besondern gradezu gar nichts wissen. Wir können als gemeinsam immer nur einen Schwager erkennen, der einem ganzen Geschlecht (mit Hee- resmacht) den Untergang bereitet.

Begann nun aber einmal die Sage von Siggeir einen· assimilierenden Einfluss auf die Atlisage auszuüben, so musste zunächst die Vermählung Atlis mit der Schwester vor die Katastrophe verlegt werden, was vielleicht dadurch erleichtert wurde, dass die Sage nicht mehr streng die der Rache erst nachfolgende Befreiung der Jungfrau festgehalten und den Atli die Schwester einfach mit Gewalt von den Brüdern hatten erzwingen lassen. Leicht mochte dann sogar diese als nur gezwungen und unwillig dem neuen Gemahl folgend erscheinen. War man aber erst einmal so weit gekommen, so waren alle weiteren Umbildungen nur einfache, leichte Consequenzen; dann ging Gudruns Stellung in die Signys, Atlis in die Siggeirs, Gunnars und Högnis in die der Völ- sunge über. Und waren erst die Ereignisse selbst in solcher Weise umgestaltet, so folgte die ähnliche Charactzeichnung von selbst nach; Atlis Character sank, während die Gegner auf seine Kosten stiegen.

Nachdem nun aber so die früherhin unthätige Schwester der Niflunge zur rächenden Schwester geworden war, erfolgte die weitere Anlehnung der Sage an die betreffenden geschichtlichen Ereignisse des 5. Jahrhunderts. Der Untergang des Burgundenkönigs Gundicarius „*cum populo suo ac stirpe*" (wie es bei *Prosper Aquitanus* heisst) durch die Hunnen und weiterhin des Hunnenkönigs (Attila) angebliche Ermordung durch seine Beischläferin Jldico zur Nachtszeit ward nun gleichgesetzt dem Untergang König Gunnars mit den Seinigen durch den sagenhaften Hunenkönig *) und der an diesem durch die Schwester geübten Rache. In Folge dieser Anlehnung an die Geschichte trat denn nun Hniflung möglichst in den Hintergrund und die Ermordung Atlis fiel seiner Gemahlin allein zu. Dass die Letztere nun auch nach dieser That am Leben blieb, war vielleicht schon früher durch weiter an sie sich anknüpfende Sagen verursacht.

Uebrigens erhellt nun zugleich, warum auch in der Atlisage der Schatz seine Rolle zu spielen hat. War er mit der Göttin in den Besitz der Mörder übergegangen, so musste des Rächers Streben sich auch auf seine Wiedererlangung richten, und er muss ihn erhalten. Nach der Sage wird der Schatz von den Niflungen vor ihrem Aufbruch zu Atli in die Tiefen des Rheins geborgen, eine That, die nach der nordischen Sage gradezu sinnlos ist, da die Giukunge Atli als ihren Freund besuchen, im Nibelungenlied wenigstens schlecht genug motiviert erscheint. Bedenkt man jedoch, dass jenes Versenken in den Rhein eigentlich doch nur eine andere Wendung ist für ein Bergen in die Unterwelt, in den Bereich derjenigen Gewalt also, deren Repräsentanten uns die Mörder Sigurds sind, so kann daran nichts mehr auffallen. Der Rhein erscheint gewissermassen nur als die Schatzkammer der Niflunge, in welcher sie selbst den Schatz jederzeit zur Verfügung haben **), wozu es denn vollkommen stimmt,

---

*) ich nenne absichtlich nicht den Namen Atli, weil dieser ja wohl erst durch Attila in die Sage gekommen sein wird. Freilich scheint es sich mit der „hunischen" Abkunft desselben kaum anders zu verhalten.

**) in der Thidrekssaga und in der Hvenschen Chronik wird derselbe in einem hohlen Berg aufbewahrt, also eben da, wo er nach dem Nibelungen- und Siegfriedslied vor der Erlegung des Drachen durch Siegfried sich befindet.

wenn in der Edda Atli, im Nibelungenlied Kriemhilde den
Schatz von ihnen trotz seiner Versenkung zurückverlangen,
eine solche Rückgabe doch also für möglich halten. Dass
die Versenkung aber grade vor dem Zusammentreffen mit
Atli statt findet, erscheint nun ebenfalls sehr wohl begründet.
In der ursprünglichen Sage konnte von einem Besuch keine
Rede sein, nur ein Kampf stand bevor auf Leben und Tod,
und darum eben wird der Schatz, der ja neben und mit der
Jungfrau das Object des Streites bildet, in die Tiefe geborgen.

Die allmähliche Entwicklung der Atlisage möchte ich
mir demnach so vorstellen.

1. Stufe. Reiner Baldrmythus. Der Gott, aus Neid und
Eifersucht von seinen Gegnern ermordet, weilt während der
schlimmen Jahreszeit in der Unterwelt, kehrt aber mit be-
ginnendem Frühling auf die Oberwelt zurück, vernichtet die
Feinde und feiert die abermalige Vermählung mit der neu-
befreiten Geliebten.

2. Stufe. Der Mythus wächst zusammen mit dem bereits
in oben angedeuteter Weise umgestalteten Freyrmythus; der
Mörder tritt in Verbindung mit dem Herrn des Helden und
dessen Gemahlin.

3. Stufe. Fremde Einflüsse beginnen zu wirken, wir
erkennen noch Aehnlichkeiten mit einzelnen Theilen der
Völsungensage. Die bei dem Rachewerk des Wiedergebornen
unthätige Schwester wird zur Rächerin der Brüder; sie ist
Atli von den eignen Verwandten freiwillig zur Ehe gegeben.
Atli sinkt zum gemeinen Verräther herab, und umgekehrt
steigt der Ruhm seiner Feinde.

4. Stufe. Anlehnung an die Historie.

III.

Ein flüchtiger Blick auf die indische Märchenwelt zeigt
zur Genüge, wie die wesentlichen Elemente unsrer Sage auch
dort in oft nur ganz unbedeutend modificierter Gestalt sich

vorfinden. Betrachten wir z. B. die Geschichte des Chanda-
Mahasena und seines Gegners, des Asurafürsten Angaraka,
der sich in einen Eber verwandeln kann, seine Tochter in
einer Höhle eingesperrt hält und endlich an der einzigen
verwundbaren Stelle von Mahasena zu Tode getroffen wird,
— oder die des Putraka, der von zwei hadernden Brüdern
als Schiedsrichter die Schale, den Stab und die Schuhe gewinnt, mit deren Hülfe er die von der Gottheit ihm bestimmte
Gemahlin, die schöne Patali, aus der Gewalt ihres zürnenden
Vaters entführt: — so kann doch wohl kein Zweifel sein,
dass uns hier, so gut wie in allen unsern Siegfriedsmärchen,
die bedeutendsten Momente des Freyrmythus wiederkehren.
Hieraus nun geht — auch abgesehen von der eigentlichen
Mythologie selbst — mindestens das mit vollkommener Ge-
wisheit hervor, dass bereits vor der Abtrennung der slawo-
deutschen Völker von den übrigen indogermanischen Stämmen
diese mythischen Ideen in derselben Weise zum Mythus sich
gestaltet hatten, wie uns in Skirnisför und Fiölsvinnsmal (die
ursprünglich ja beide dem Sagenkreis Odins angehört haben
mögen) die Edda sie zum Theil erhalten hat. Um so weniger
aber kann an und für sich die Vermuthung P. E. Müllers
unwahrscheinlich sein, der Grundkern unsrer Siegfriedsage
sei bereits vor der Trennung der nordgermanischen von den
deutschen Völkerschaften ausgebildet gewesen. Beweisen
freilich lässt sich dies ebensowenig als die entgegenstehende
Ansicht W. Grimms und K. Lachmanns, dass nämlich Deutschland die erste Heimat der Sage und diese von hier aus nach
dem Norden übergeführt worden sei, *) — so lange nicht
etwa ein glücklicher Fund in dem Sagenbestand der verwandten und insbesondere natürlich der slawischen Stämme
uns neues Material an die Hand gibt. Keinenfalls aber lassen
sich bei der uns vorliegenden nordischen Gestaltung — von

*) Rassmanns Beweisführung a. a. O. I, 7 ff. kann nicht als ge-
lungen betrachtet werden. Bewiesen ist immer nur, dass die deutsche
und nordische Sage einen gemeinsamen Ursprung haben, nicht aber dass
die letztere aus der ersteren entstanden.

der jetzt hier zuerst die Rede sein soll — bedeutende Einflüsse der deutschen Sage abläugnen. Hierher gehören insbesondere einerseits die geographischen Bestimmungen, welche
uns klar und bestimmt nach Deutschland weisen, wie der
Rhein, die fränkische Herrschaft der Völsunge, die Gnitaheide
u. s. w., andrerseits aber die Anlehnung an die historischen
Ereignisse des 5. und 6. Jahrhunderts, sowie endlich eine
grosse Reihe einzelner Neuerungen, welche, hieran sich an-
schliessend, theils aus der deutschen Sage einfach übernommen,
theils auf Grund der empfangenen Anregungen in selbständiger
Weise weiter gebildet wurden.

Unter den hierher gehörigen literarischen Zeugnissen
nehmen durch höheres Alter nicht minder der Entstehung
als des überlieferten Sagenstoffs unzweifelhaft die Lieder der
Edda Saemundar die erste Stelle ein. An sie schliessen sich
dann die betreffenden Theile der jüngeren Edda, der Völsungasaga und allenfalls der Nornagestssaga an.

Die Edda Saemundar hat ihren Namen bekanntlich von
dem berühmten Isländer Saemund Sigfusson († 1133), den
der Auffinder des *codex regius*, Bischof Brynjolf Sveinsson,
misverständlich für den Dichter hielt. Ob er der Sammler
gewesen, der den Inhalt der verloren gegangenen Strophen
durch die prosaischen Zwischensätze zu fixieren suchte, bleibt
zweifelhaft. Die bedauerliche Lücke des *codex regius* zwischen
Sigrdrifumál und dem *brot af Brynhildarkvidhu* entzieht uns die
Darstellung eines für Sigurds Geschichte grade sehr wichtigen
Abschnitts, der Zeit nämlich von seiner (ersten) Verlobung
mit Brynhild bis zur Ermordung. Nur ungenügenden Ersatz
bieten die zerstreuten Andeutungen andrer Lieder. — Ueber
das Alter herrschen bekanntlich bedeutende Controversen,
über die ich jedoch hier nicht zu sprechen brauche. Das
eine ist übrigens klar, dass nicht einmal die fünfzehn hierher
gehörigen Lieder zu einer Zeit entstanden sind, und dass
schon darum Beweise, welche einem von ihnen entnommen
sind, an und für sich noch nicht für alle gelten können.

Die jüngere Edda, angeblich von Snorri Sturluson

(† 1241) verfasst, gibt in Skaldskaparmal bei der Angabe
der poetischen'Bezeichnungen des Goldes in engem Anschluss
an die Lieder der Edda Saemundar in gedrängter Folge alle
wesentlichen Momente der Sigurdsage. Unzweifelhaft sind
denn auch jene Lieder des Verfassers Hauptquelle gewesen;
dass sie nicht seine einzige waren, ergeben verschiedene Abweichungen und Zusätze. Vermuthlich konnte er noch aus
mündlicher Tradition schöpfen.

Eine sehr erwünschte Vervollständigung dieser mangel-
haften Ueberlieferung erhalten wir nun durch die Völsungasaga, deren Entstehung der Zusammenfassung der jüngeren
Edda um weniges vorauszuliegen scheint. Ohne Zweifel
standen ihr noch alte Lieder zu Gebot, die uns jetzt verloren
sind. So ergibt sich ihre hohe Wichtigkeit zumal für die
verlorenen Partieen der älteren Edda von selbst. Sie benutzte
aber auch fremdartigere Quellen. Die auffällige Uebereinstimmung ihres 22. Capitels mit dem 185. der Thidrekssaga
leitet Rassmann a. a. O. I, 43 aus einem gemeinsamen nor-
mannischen Ursprung her.

Die Nornagestssaga endlich, die wiederum einige Besonderheiten zeigt, ist „wahrscheinlich im Anfang des 14. Jahrhunderts, aber aus ältern Bestandtheilen zusammengesetzt."
(W. Grimm, D. H. 184.)

Die ältere Edda — von welcher hier immer in erster
Linie die Rede sein muss — bietet uns kein fortlaufendes
Epos, das in breiter Anschaulichkeit ausführlichen Bericht
der Ereignisse gibt, sondern eine Reihe einzelner, von einander unabhängiger Lieder, deren jedes ohne directen Anschluss
an die vorhergehenden immer nur eine Situation aus dem
Ganzen herausgreift, alle andern Sagentheile gleichsam nur
zu ihrem Dienste heranziehend. Erwägt man nun noch die
verschiedene Zeit der Abfassung sowie die Verschiedenheit
der dichtenden Individuen, so kann man sich nicht wundern,
wenn sich hin und wieder Abweichungen finden, ja wenn
uns einzelne Anwüchse der Sage begegnen, von welchen
andere Lieder geradezu nichts wissen. Wiewohl nun aber

die übrigen Zeugnisse, welche als secundäre wesentlich nur
zur Ergänzung der Lücken zu dienen haben, jene Abweichungen noch vermehren und vergrössern, so verschwinden
dieselben denn doch vor der Uebereinstimmung im Ganzen;
und diese berechtigt uns, die Gesammtüberlieferung als eine
einheitliche, in sich zusammengehörige aufzufassen.

Die Sage selbst nun sondert sich nach dieser nordischen Gestaltung deutlich in zwei nicht mehr genügend
verknüpfte Theile, deren erster mit dem tragischen Selbst-
mord Brynhildens schliesst. Er bietet uns eine durch Kraft
und Tiefe des Gefühls, durch Erhabenheit und Pracht der
Darstellung, durch innige Einheit der Handlung, durch edle
Zeichnung der Charactere, durch geschickte Schürzung des
Knotens und grossartige Peripetie ausgezeichnete Tragödie,
deren Inhalt auch in unseren Tagen mit Recht als würdiges
Object künstlerischer Darstellung erkannt wird. Der zweite
Theil, auch er nicht ohne grossartige Scenen und ergreifende
Darstellung steht dennoch im Ganzen zurück, und wiewohl
in dem ersten wiederholt auf seine Katastrophen hingewiesen
wird, beschränkt sich die innere Verbindung beider doch fast
lediglich auf die Einheit der Handelnden.

Was nun zunächst die Stellung der einzelnen Personen
betrifft, so verdient kaum erwähnt zu werden, dass die An-
thropomorphose derselben vollständig durchgeführt ist; die
auftretenden Helden sind reine Menschen, von menschlichen
Empfindungen und Anschauungen geleitet, menschlichen
Leiden und Leidenschaften unterworfen, von Liebe und Eifersucht, Hass, Zorn und Reue, Ehrgeiz, Eitelkeit, Habsucht
bewegt. Ihre Handlungsweise wird durch ihre Gefühle bestimmt. Der rauhe, ungezähmte Sinn, die unbeugsame Wil-
lensstärke der Nordmänner spiegelt sich in dem Character
eines Högni, einer Brynhild ab; neben Grausamkeit und
Wildheit Hoheit und Adel der Gesinnung. Die äusseren
Verhältnisse sind dem gewöhnlichen menschlichen Leben
streng angepasst; und selbstverständlich sind auch hierbei
wesentlich und speciell die nordischen Verhältnisse mass-

gebend. Wir finden Fürsten und Unterthanen, Herren und
Diener; wir hören von Seefahrten, Kriegszügen mit Siegen
und Niederlagen, von Friedensschlüssen, von Gastmählern,
Hochzeiten u. dgl.

Im Allgemeinen ist, wie schon bemerkt, der Grundsatz
festzuhalten, dass die ehemaligen Züge und Gegensätze der
Wesen beim Eintritt solcher Vermenschlichung der Gottheiten
sich als Züge und Gegensätze der Charactere wiederfinden;
doch hat allerdings im Einzelnen namentlich der gewaltige
Einfluss sittlicher Anschauungen und das Bedürfnis poetisch-
tragischer Gestaltung der Katastrophen mitunter nicht unbedeutende Veränderungen herbeigeführt.

Bedeutsam in den Vordergrund getreten ist die Persön-
lichkeit Brynhildens, der Jungfrau, welche der Held aus den
Flammen befreit und dann seinem Herrn abtreten muss. Mit
Liebe hat grade sie der poetische Sinn ergriffen und zu einer
echt tragischen Erscheinung gebildet. Grossartig und erhaben,
fast über das menschliche Mass hinaus, tritt sie uns entgegen.
Ist sie doch auch Valküre, den gewöhnlichen Schranken der
Sterblichkeit entrückt, göttlicher Gemeinschaft gewürdigt.
Sie ist Odins Genossin, seiner Runen kundig, kein weiseres
Weib ist zu finden. Durch Ungehorsam hat sie sich des
Gottes Zorn zugezogen; zur Strafe soll sie aufhören Sigrdrifa
zu sein, einem Sterblichen sich vermählen und unterordnen.*)
Aber keinem, das gelobt sie sich, der sich fürchten könnte.
Und Odin stach ihr den Schlafdorn ins Haupt und umschloss
sie mit der Waberlohe;

    than badh hann slíta   svefni mínum,
    er hvergi lands   hraedask kynni.

Sigurd ist ihr vom Schicksal bestimmter Erlöser, der Einzige,
der es wagt, den Drachen zu erlegen und das Feuer zu durchbrechen, der Einzige zugleich, welcher der stolzen Valküre
Liebe einzuflössen vermag. Und sie liebt ihn heiss und lei-

---

*) Das Valkürentum ist bekanntlich an den Stand der Jungfrau-
schaft gebunden.

denschaftlich, wie nur Brynhild lieben, nur Sigurd geliebt
werden kann; sie leistet und empfängt den Eid der Treue.
Aber widrige Umstände zwingen sie mit Gewalt zu einer
andern, ihr widerstrebenden Verbindung. Sigurd hatte sie
verlassen und die geschworenen Eide vergessend sich einer
Andern vermählt; im Gefolge Gunnars trifft sie ihn wieder,
der jetzt sie zu erwerben kommt. Sie selbst aber, eingedenk
ihrer ersten Liebe,

> „*unni einum   nê ymisum;*
> *biöat um hverfan   hug menskögul:*"

nur durch Drohungen kann sie vermocht werden, nicht ihrer
Liebe zu entsagen, sondern dem sich zu verheissen, der die
Kühnheit besitze, ihre Waberlohe *) zu durchbrechen; weiss
sie doch, nur Sigurd ist solches möglich. Die Bedingung
wird angenommen, und da Gunnar sie nicht zu erfüllen vermag, nimmt man seine Zuflucht zur List. In jenes Gestalt
durchbricht Sigurd die Lohe und feiert, das Schwert Gram
inmitten, die Vermählung. So ist an ihrer treuen, ausdau-
ernden Liebe der schnödeste Betrug begangen. Gebrochenen
Sinnes fügt sie sich ins Unvermeidliche: an dem Gedanken
mag sie Trost suchen, dass auch ihr jetziger Gemahl, nicht
weniger tüchtig als Sigurd, nicht zauderte, ihretwillen das
Schwerste zu unternehmen, unter Donner und Erdbeben die
Flamme zu durchbrechen.

Aber schrecklich soll sie aus ihrer Täuschung aufgeweckt
werden; wie hätte ein Gunnar solch' Heldenwerk vollbracht?
Sigurd selbst ist es, der, treulos genug, ihre Liebe doppelt
zu verrathen, sie erst um einer Andern willen verlassen und
nun durch List und Betrug dem schwächern Manne unterthänig gemacht. Der Qual der Eifersucht, dem beschämten
Stolz verschmähter Liebe gesellt sich das tiefgekränkte Ehr-
gefühl: Rache ist ihr einziges Streben, Rache an Allen, die
ihr Glück vernichtet, an Gunnar, an Gudrun, vor Allem an
Sigurd. Nicht er soll triumphieren, wo sie leidet, nicht jene,

---

*) Ueber die Verdoppelung der Waberlohe s. oben pag. 36 f.

die nur durch Trug ihn an sich gefesselt haben, sein genicssen. Sein Anerbieten, Gudrun zu verlassen und mit ihr zu leben, verwehrt ihr die Ehre anzunehmen; nur sein Tod kann ihr Genugthuung gewähren, und ihn herbeizuführen, greift sie zu jedem Mittel.

Aber sogleich nach der That sehen wir sie wieder in ihrer wahren, edlen Gestalt: die Untreue Sigurds ist bestraft und wird verziehen; leidenschaftlich bricht die alte Liebe zu ihm hervor, während die Mörder ihre volle Verachtung trifft. Hat ein feindliches Verhängnis sie von dem Geliebten geschieden, mit dem treulosen Mörder will sie keine Gemeinschaft haben. Alle Bemühungen Gunnars, sie im Leben zurückzuhalten, sind fruchtlos; mit Verwünschungen gegen die Mörder und ihre vielseitigen Verrätereien sucht sie in freiwilligem Tod Wiedervereinigung mit dem Geliebten. So erscheint sie uns grade in ihrem Ende noch einmal im vollsten Glanz ihres Valkürentums, hochsinnig, unbeugsamer Willenskraft, die grossartigste, anziehendste Gestalt der ganzen Dichtung.

Sie zu besitzen ist allein würdig befunden Sigurd, der Nachkomme und Liebling Odins, Siegmunds Erzeuger. Er war edel von Antlitz, scharfglänzenden Augs, ein Wunder dem Anblick und leicht von Andern zu erkennen; so war er bei Giukis Söhnen, wie über Gras steht grünender Lauch; dabei weise, enthaltsam, characterfest. Gold und Schätze gelten ihm nichts, wenn er darüber die heilige Pflicht der Vaterrache versäumen soll. Erst nachdem er sie erfüllt hat, wendet er sich gegen den Drachen und bahnt sich durch seine Erlegung den Weg zur Durchbrechung der Waberlohe. Die erlöste Brynhild liebt er treu und beständig; nur durch Trug und Zauberei kann er vermocht werden, sie zu verlassen und sich Gudrun zu vermählen; und muss er in den Augen Brynhildens die Schuld der Treulosigkeit tragen, in den unsren ist sein Verhalten erklärt und entschuldigt: er erkannte sie nicht eher, als bis sie vermählt war (*Völsungas. cap. 29*). Wie hingebend er in der Freundschaft ist, zeigt die Bereitwilligkeit, mit welcher er Gunnar bei der Bewerbung um Brynhild beisteht; *) freilich ist sein Verhängnis, sich eben durch die hierbei nöthige Täuschung Brynhildens abermals in eine schwere Schuld zu verwickeln, die er denn später mit dem Tode büssen muss. Aber nirgends erscheint sein Character reiner und edler als eben bei dieser Vermählungsfeier mit dem Schwert in der Mitte. *Sváfu vit ok undhum,* sagt Brynhild selbst *Helreidh 12:*

i saeing einni
sem hann minn bródhir   um borinn vaeri;
hvártki knátti   hönd yfir annat
átta nóttum   okkart leggja.

Aber *géngu thess á milli grimmar urdhir* — inmitten giengen grimme Nornen. Sigurd hat eine Schuld auf sich geladen und dieser Schuld muss er zum Opfer fallen; nichts vermag das unerbittliche Schicksal abzuwenden. So ist sein Tod allerdings nur die gerechte Strafe seiner Verschuldung; aber die Hände, welche sie an ihm vollstrecken, trifft der Fluch der Treulosigkeit und des Meineids.

Die ganze Erscheinung Sigurds zeigt sich als eine naturgemässe Fortbildung der entsprechenden mythischen Gestalten, nur aufs lebendigste individualisiert und in neue anziehende Situationen verflochten. Das Knechtschaftsverhältnis, in welchem er (Skirnir entsprechend) zu Gunnar gestanden haben musste, ist aufgegeben; die neu antretende Vorgeschichte bot eine Gelegenheit, den ihm wiederholt gemachten Vorwurf der Unfreiheit anderweitig zu erklären. Seine ganze

---

*) Hier schliesst sich denn die in vielfachen Variationen namentlich in Märchen wiederkehrende Freundschaftssage an. Man vergleiche das Märchen vom treuen Johannes und insbesondere wegen des unsrer Sage ganz analogen Freundschaftsdienstes das von den zwei Brüdern. Der eine, welcher für den andern gehalten und mit dessen Gemahlin zu Bett gebracht wird, verwendet sein Schwert wie Siegfried. Es ist das bekanntlich ein altgermanischer Rechtsgebrauch, der wenig anders als hier auch z. B. in der Tristansage wiederkehrt. cf. J. Grimm, Rechtsaltertümer, 168 ff.

Erscheinung ist eine strahlende, idealische, der zu Grund liegenden Gottheit des Lichtes und der Schönheit gemäss; vor seiner Augen Glanz muss der Mörder zweimal fliehen. Wie die Untreue in sein Wesen kam, ist oben besprochen; aber bei einem Sigurd konnte solches nicht Wankelmuth und Meineidigkeit sein: Zaubermittel haben ihm den Sinn bethört. Dem Bestreben, dies in noch helleres Licht zu setzen, mag theilweise diejenige Scene entsprungen sein, wo er im heftigsten Seelenkampfe Brynhilden das Anerbieten macht, Gudrun zu verlassen und mit ihr zu leben.

Ihm nun stehen als Mörder gegenüber die drei Brüder Gunnar, Högni, Guthorm. Die Persönlichkeit des Letzteren ist neu, aus dem burgundischen Godomar entstanden. Ein Zeichen seines spätern Eintritts in die Sage dürfte vielleicht noch darin zu finden sein, dass der an seine Stelle getretene Gernoz in der Thidrekssaga bei der Erwerbung Brynhildens für Gunnar vollständig fehlt, auch im Nibelungenlied, ebenso wie Giselher, bei jener Gelegenheit wenigstens zu Hause bleibt. — Er war der jüngere, schnell zur That *(óbilgiarn)* und unverständig *(ófródhr)* und hatte an den Verbrüderungseiden mit Sigurd keinen Antheil genommen. Durch das Versprechen grosser Ehren wie durch das Zureden und die Zaubermittel Grimhildens lässt er sich aufreizen: *stódh til hiarta — hiörr Sigurdhi.* Aber sofort ereilt ihn die Rache, mit der letzten Kraft erhebt sich der Gemordete und zerspaltet mit gewaltigem Wurf den Körper des Feindes. So ist Guthorm trotz der wichtigen Rolle, die ihm zugetheilt ist, eine nur mometan auftretende und gleich wieder verschwindende Erscheinung. — Es fragt sich noch, wie man dazu gekommen sein möge, ihn an Högnis Stelle als Mörder treten zu lassen. Und nach der obigen Entwicklung konnte auch der Zug, wie der tödtlich verwundete Sigurd an seinem Mörder selbst noch Rache nimmt, nicht wohl ursprünglich sein, da ja grade dieser Mörder erst später der Rache des Bruders verfällt und also in dem Sagentheil oon Atli eine Hauptperson sein muss. Hatte sich nun dieser Theil von der Rache schon

annähernd so gestaltet, wie er in der nordischen Sage vor-
liegt, und trat dann zu dem Brüderpaar Gunnar-Högni als
dritter Bruder Guthorm hinzu, so lag ein Bedürfnis vor, ihm
entweder auch in dem letzten Kampf eine Stelle zu geben
oder zu erklären, warum er fehle. So ist in der deutschen
Sage Giselher entweder auch in den zweiten Theil eingeführt,
oder er wird (wie im Anhang des Heldenbuchs) jung erschlagen. Eben durch diesen zweiten Theil nun aber und den
Atli gegenüber bewiesenen Heldenmuth mochte das Ansehen
des (in der Edda überall sehr edel gehaltenen) Högni derart
gestiegen sein, dass sich der feige und treulose Mord an
Sigurd mit seinem Character nicht mehr zu vertragen schien;
und so ward denn lieber dem fremderen, neueren Guthorm,
dem Stiefbruder, der an den Eiden keinen Theil hatte, der
Mord übertragen, und durch die sofortige Rache zugleich
sein Fehlen in der übrigen Sage erklärt.

So ist denn also Högnis Stellung vollkommen verändert;
sein Character zeigt durchaus nichts mehr von dem finsteren
Wesen des ursprünglichen Mörders; er ist im Gegentheil der
sanfteste, edelste, beste der drei Brüder. Bei der Ermordung
Sigurds repräsentiert er gleichsam das bessere Gewissen der
Mörder; er ist der Einzige, der dagegen spricht, eingedenk
der geschworenen Eide und des grossen Nutzens, den sie
von Sigurd haben. Brynhildens Motive hat er durchschaut:
„Dich hat sie," sagt er dem Gunnar, „aus Hass zum Frevel
gereizt: *fyrman hon Gudhrûnu   gôdhra râdha,*
        en sidhan ther   sîn at niôta."
Nach geschehener That zeigt er für Gudrun und ihr Leid
ein empfindsames Herz, wie sich beide denn schon in der
Jugend enger an einander geschlossen hatten (Atlamal 68),
während er sich von Brynhilden unwillig abwendet. — Von
der Fahrt zu Atli räth er vorsichtig ab; als sie aber einmal
unternommen ist und seine schlimmen Ahnungen sich erfüllen, zeigt er sich als der tapferste und furchtloseste Held,
dessen eiserner, unbeugsamer Sinn unter Lachen sich das
Herz ausschneiden lässt.

5

Wie sehr sich die Persönlichkeit Gunnars, des Herrn, für welchen Sigurd als Diener die Jungfrau aus den Flammen holen musste, durch seine oben besprochene Verbindung mit dem Mörder verändern musste, bedarf keiner Erörterung. Er wird jetzt der Hauptanstifter der That; denn er ist derjenige, an den die beleidigte Brynhild zunächst sich wenden muss, auf den sie am leichtesten durch Bitten, Verläumdungen, Drohungen wirken kann, der die von Brynhild selbst Sigurd schuld gegebene Untreue zu bestrafen am lebhaftesten wünschen muss. Naturgemäss trifft ihn denn auch zugleich die Rache. So sehen wir ihn von der hohen Stellung, die er einst eingenommen, herabgesunken und seinen Character ungleich und im Ganzen unvortheilhaft gezeichnet. Die Art, wie er in den Besitz Brynhildens kommt, lässt sich vielleicht, so ruhmlos sie für ihn ist, verzeihen; er hat doch wenigstens versucht, die Flamme zu durchbrechen, und es war nicht Mangel an Muth, was den Versuch mislingen liess. Aber schmählich jedenfalls ist sein Verhalten den Aufreizungen Brynhildens gegenüber. Der einzige Grund, der die treulose That überhaupt rechtfertigen könnte, der der Befleckung Brynhildens durch Sigurd, tritt sehr zurück oder ist doch keinenfalls der einzige und Hauptgrund. Habsucht, Neid auf Sigurds Heldentum, Furcht, Brynhilden zu verlieren, sind seine Triebfedern; Högnis Warnungen sind unnütz, die That wird vollbracht. Aber schon auf der Heimkehr vom Schauplatz des Mordes verkündigen ihm Vögel den bevorstehenden Untergang, und er wird von plötzlicher Reue gefasst, die ihn vor Gudrun das Auge niederschlagen und seine volle Wuth momentan gegen die Anstifterin kehren lässt. Doch sobald diese selbst ihre Absicht, nicht länger leben zu wollen, erklärt hat, gleich ist er wieder umgewandelt, schlingt die Hände um ihren Hals und thut Alles, was er kann, sie von einem solchen Schritt abzuhalten, bei dem festen Sinn Brynhildens freilich ohne jeden Erfolg. So schwankt er hin und her vom Guten zum Bösen, ohne Entschiedenheit, ohne feste, entschlossene Characterstärke; und erst der letzte Theil

der Sage, erst die dringende äussere Noth, der Entscheidungs-
kampf um Leben und Tod bei Atli, zeigt ihn uns als echten
Giukung, seiner Abstammung und Sigurds Freundschaft
würdig.

Gudrun, die Schwester, ist, ihrer urpsünglichen Stellung
entsprechend, ein unschuldiges, gutherziges Mädchen. Durch
Grimhildens List ohne eigne Schuld — denn sie weiss von
seiner Verlobung mit Brynhilden nichts — erhält sie Sigurd
zum Gatten. Ihre Liebe zu ihm ist innig und treu und dem
gemäss ihr Schmerz bei seinem Tod. Echt weiblich ist die
Empfindlichkeit, die sie bei der Waschung im Rhein den
Ansprüchen Brynhildens gegenüber zur Entdeckung des Ge-
heimnisses bringt; schon am andern Morgen, nachdem die
Aufwallung ihres Zorns sich gelegt hat, sucht sie Brynhilden
auf und ist bemüht, sie zu beruhigen, und nicht ihre Schuld
ist es, wenn das Zwiegespräch keinen befriedigenden Ausgang
nimmt. — Nach erfolgtem Mord flieht sie nach Dänemark,
wo sie sieben Halbjahre dem Andenken Sigurds lebt. Mehr
durch die Zauberkünste Grimhildens als durch ihre Versprechungen wird sie endlich dahin gebracht, Atli zu ehe-
lichen. Bei der Einladung Atlis an ihre Brüder hat sie seine
Tücke wohl durchschaut und sucht zu warnen; doch es ist
erfolglos: „keiner kann gegen das Schicksal, sie sollten
kommen." Und als dann die entsetzliche That geschehen,
als die Brüder gemordet, ihr ganzes Geschlecht vertilgt ist,
da fühlt sie sich, auf der nunmehr die heilige Pflicht der
Blutrache lastet, lediglich nur noch als Giukungentochter,
da wächst auch ihr die Kraft zu entsetzlicher, unweiblicher
That, da werden die eignen Kinder nicht verschont, und der
Mörder mit seinem ganzen Haus fällt ihrer Rache zum Opfer.
Dann geht sie hinaus an die See, um sich zu ertränken.

Neu treffen wir — von dem Vater Giuki erfahren wir
nicht viel mehr als den Namen — die Mutter Grimhild, ein
listiges, aller Zauberkünste kundiges Weib, die kein andres
Ziel zu haben scheint, als die Macht und das Ansehen ihres
Hauses zu vermehren. Jedes Mittel ist ihr hierzu recht.

Darum wird Sigurd durch Vermählung mit Gudrun an ihr Haus gebunden; darum dringt sie bei Gunnar auf Verlobung mit des mächtigen Königs Budli Tochter; darum leiht sie gleich ihren Beistand zur Ermordung Sigurds, da es gilt, sich selbst sein Gold anzueignen und Brynhild sich zu erhalten; darum überredet sie Gudrun zur Vermählung mit Atli. Aber „böses Gewerbe bringt bösen Lohn", — was sie unternimmt, Alles schlägt grade zum Verderben aus, und sie am meisten sollte der Vorwurf treffen, der Helreidh 4 mit Unrecht Brynhilden gemacht wird.

> *Thû hefir Giuka   um glatat börnum*
> *ok bûi theirra   brugdhit gôdu.*

Von ihrem Ende heisst es Atlamal 53 (Gudrun spricht zu Atli:)   *Môdhur tôkt mina   ok myrdhir til hnossa;*
> *svinna systrungu   sveltir thu î helli.*

Wie es sich mit dieser Ermordung Grimhildens verhalten habe, wird uns nicht näher berichtet; dieselbe Todesart aber kehrt auffallender Weise in der Hvenschen Chronik bei ihrer Tochter wieder. (s. unten pag. 106 f.)

Sehr ungünstig endlich (vergl. oben pag. 53) ist die Persönlichkeit Atlis gezeichnet. Gleich bei seinem ersten Auftreten, als Gunnar um Brynhilden wirbt, zwingt er sie durch die Drohung, ihr das Erbe vorzuenthalten, zur Vermählung. *) Nach der Ermordung Sigurds zürnt er den Giukungen, da er ihnen den Tod der Schwester schuld gibt, lässt sich aber durch die Ehe mit Gudrun versöhnen. Die geheime Triebfeder seiner Verhaltungsweise erhellt aus dem kommenden Verlauf: er will sich Ansprüche auf den Drachenschatz erwerben. Schon hat er Grimhild der Schätze wegen ermordet; jetzt schickt er seinen Boten Vingi an Gunnar selbst, ihn zu sich einzuladen, während er Alles zum verrätherischen Ueberfall vorbereitet. Nach der tapfersten Ge-

---

*) Dieser Zug ist allerdings später, da sie ursprünglich durchaus dem zugesagt war, der die Flamme durchbräche, Brynhilde also überhaupt keine Wahl katte.

genwehr werden die Verrathenen gefesselt, es wird Gunnar
freigestellt, das Leben mit dem Schatz zu erkaufen: er lehnt
es ab, und das ganze Geschlecht fällt der Habsucht und
Rachgier Atlis zum Opfer. Die Strafe, welche diesen alsbald
darauf ereilt, ist deshalb, so grausig sie scheint, doch nur
gerecht.

Sigurd ist Hunenfürst, ebenso Atli. Das Letztere würde
sich naturgemäss aus der Anlehnung an die Geschichte erklären; da aber das erstere Verhältnis um so dunkler bleibt,
auch die Wortbedeutung ganz unsicher ist, so ziemt es sich
hier, mit dem Urtheil zurückzuhalten. *) Ausserdem heisst
Siegmund König in Frankenland, womit wir auf das Niederland des Nibelungenliedes gewiesen werden. Es war also
wohl eben das Hunenreich Sigurds in Frankenland gelegen,
so dass die beiden Bestimmungen einander nicht widersprechen.

Die Anlehnung des Mördergeschlechts an die Burgunden
ist in der nordischen Sage bereits vollzogen, wenn sich gleich
der Name der Burgunden selbst nur einmal und zwar in der
späteren Atlakvidha findet, und wir statt dessen vielmehr von
Gothenfürsten hören, auch ihre Herrschaft nur ganz allgemein
als „südlich am Rhein liegend" bezeichnet wird. Entscheidend aber sind insbesondere die Namen Giuki und Guthormr,
wenn man damit die vielbesprochene Stelle der *lex Burgun-
dionum* König Gundobads aus dem Anfang des 6. Jahrhunderts zusammenhält: *Si quos apud regiae memoriae auctores*

---

*) Mit andern Worten, es muss dahin gestellt bleiben, ob die
„hunische" Herkunft des Rächers nicht vor dem historischen Attila in
der Sage war. Uebrigens dünkt mich doch wenigstens das sehr unwahrscheinlich, dass auch Sigurd erst durch die Verbindung der Sage mit
der Geschichte Hune geworden sei. Nach Rassmann a. a. O, I, 14 ff.
wäre ein doppeltes Hunenland anzunehmen und die Anlehnung an die
Geschichte erst nach der Ausbildung der ganzen Heldensage erfolgt,
womit denn aber seine Ansicht von der Genesis der Letzteren noch
keineswegs erwiesen scheinen könnte. Höchstens würde folgen, dass auf
dem von ihm angenommenen Schauplatz die Sage zuerst geographisch
fixiert worden sei.

*nostros i. e. Gibicam, Godomarem, Gislaharium, Gundaharium,
patrem quoque nostrum et patruum e. q. s.* Gundaharius ist
eben unser Gunnar; ausserdem finden wir Godomar-Guthormr
als Bruder, Gibica-Giûki als Vater; Gislahari ist fortgefallen.
Halten wir also Gunnar und Högni als ursprüngliche Mörder
fest, so erklärt sich sehr leicht, wie bei der Anlehnung an
die Burgunden in Deutschland das historische Verhältnis, im
entfernteren Norden das ursprüngliche der Sage überwiegen,
wie in Deutschland also Gundahari, Godomar und Gislahari als
Brüder, Hagen als weiterer Verwandter, im Norden hingegen
Gunnar und Högni als wirkliche, Guthorm nur als Stiefbruder
erscheinen konnten. — Was den Namen Hagen selbst betrifft,
so ist seine Bedeutung doch wohl die oben (pag. 41) ange-
gebene und er von ahd. *hac, hag* abzuleiten. — Die Uebertragung des Namens Grimhild von der Tochter auf die Mutter
ist eine in unsrer Sage selbst sich mehrfach wiederholende
Verschiebung.

Was endlich die Namen Völsung und Niflung betrifft,
so mögen sie wohl von Haus aus sagenhafte gewesen sein
und im Gegensatz zu einander das finstere, unterirdische und
das helle, auserwählte, echt göttliche Geschlecht bezeichnet
haben; mindestens ist es selbstverständlich, dass die Namen
ebensowohl aus der Sage in die Geschichte, als umgekehrt
aus der Geschichte in die Sage übergehen konnten.

Zuwachs ganzer Sagentheile ist in der nordischen Gestaltung mehrfach zu beobachten. Zunächst solcher, welche
sich einfach als Producte eines gewissen Bedürfnisses nach
Erfindung neuer Situationen, nach Ausschmückung und Ausführung einzelner Theile der Ueberlieferung ausweisen. Hierher gehört vor Allem die Weissagung Gripis, des Sohnes
Eylimis, mit dem schon W. Grimm den Zwerg Eugel des
Siegfriedliedes zusammenstellt. Nach Gripisspa ist Gripir
ein Bruder der Hiördis, also Oheim Sigurds, der sich zu
ihm begibt und von ihm eine ausführliche Prophezeiung
seines ganzen Lebenslaufes empfängt. Das Ganze ist wohl
absichtlich erfunden, um einen Ueberblick über Sigurds

Schicksale zu gewähren. — Ebenfalls verhältnismässig spät
scheint der Aufenthalt Brynhildens bei Heimir, Gudruns Besuch bei ihr und ihre zweite Zusammenkunft und Verlobung
mit Sigurd daselbst. Ein Aufenthalt Brynhildens in Hlyndalir
wird zwar auch Helreidh 7 erwähnt; die Namen Heimir und
Beckhild aber sowie beide Episoden scheinen der älteren wie
der jüngeren Edda fremd. Dass man später auch die angebliche Tochter Sigurds und Brynhildens, Aslaug, unter
Heimirs Obhut stehen liess, war eine aus diesem Aufenthalt
Brynhildens bei ihm und ihrem Zusammentreffen mit Sigurd
leicht sich ergebende Neubildung. Nicht minder müssen,
wenngleich vielleicht höheren Alters, hierher gerechnet werden, die von Sigurd im Verein mit den Giukungen nach
seiner Vermählung vollbrachten Heldenthaten, die uns auch
in der deutschen Sage wiederkehren. Grade in der Unüber-
windlichkeit Sigurds liegt der grosse Nutzen, den die Giukunge an ihm haben; wie nahe lag es also, dieses auszuführen!

Sodann aber ist von grosser Bedeutung die Anknüpfung
mehrerer ursprünglich ganz unabhängiger Sagen. Vor Allem
die von den Völsungen. Der ursprüngliche Kern derselben
war ohne Zweifel die Geschichte Siegmunds und Sinfiötlis,
woran sich dann die früher selbständige Helgisage und weiter
eine Genealogie, die das Geschlecht auf Odin zurückführt,
anschloss. Die Verbindung derselben mit der Sigurdsage
mag ursprünglich eine ganz äusserliche gewesen sein, indem
man einfach Sigurd zu einem Sohn des bereits gefallenen
Königs Siegmund machte. Von seiner Knechtschaft war
schon oben die Rede. Wie er aber überhaupt mit Alf und
Hialprek in Verbindung gekommen? Geht Sigurd auf Freyr
zurück und ist er als solcher von Haus aus identisch mit
Alf, dem Sohne Hialpreks, so liegt die Vermuthung nah,
Hialprek sei ursprünglich sein wirklicher Vater gewesen, der
eben erst durch die Anknüpfung an die Völsungensage aus
dieser Stellung verdrängt und zum blossen Pflegevater wurde.
Durch die Erwähnung des Rheins aber, in welchem Sigurd

das Schwert Gram prüft, würden wir wieder weit von Dänemark weggeführt und vielmehr an die niederländische Herrschaft erinnert.
Weiter aber schloss sich nun an Siegmunds Fall naturgemäss die Vaterrache Sigurds an. Sie verdankt ihren Ursprung wesentlich der altgermanischen und namentlich im
Norden noch spät so lebendig empfundenen Pflicht der Blutrache; sie zu vernachlässigen wäre für den Helden eine
Schande gewesen. Vgl. Sigurdharkv. II, 15.
Die Verknüpfung Sigurds mit den Völsungen war dem
Norden und Deutschland gemein; anders verhält es sich mit
den Sagen von Jörmunrek und Aslaug, die der Norden selbständig unsrer Sage angeschoben hat. Der ersteren geschieht
schon von Jornandes um die Mitte des 6. Jahrhunderts, und
zwar noch ausser allem Zusammenhang mit der Sigurdsage,
Erwähnung. Die hier getödtete Sanielh wird als Svanhild
zu Sigurds und Gudruns Tochter. Gudrun hatte ihre beiden
Söhne von Atli, Erp und Eitil, selbst umgebracht, es mussten jetzt also die beiden rächenden Brüder, Sarus und Ammius,
von einem dritten Gatten abstammen: Gudrun wird nach
Atlis Tod König Jonakrs Gemahlin. Wie es kommt, dass
der ermordete Erp hier noch einmal als Stiefbruder, man
sieht nicht mehr, ob von väterlicher oder mütterlicher Seite, *)
auftritt, ist unklar. Ebenso ist es ungewis, ob die Sage, ehe
sie sich an die von Sigurd anschloss, die Ermordung dieses
Stiefbruders schon enthalten habe, da die Erzählung von
Jarmericus und den hellespontischen Brüdern bei Saxo Grammaticus hier nichts beweisen kann. **) Was das Alter dieser

---

*) Nach der Prosaeinleitung zu Gudrunarhvöt scheint Erp beider,
Gudruns und Jonakrs, Sohn; nach der jüngeren Edda ist er Gudruns
Liebling; dagegen heisst er Hamdismal 12 unehelich geboren und 14
andrer Mutter Sohn.

**) Diese Darstellung ist die einzige, welche etwas Analoges ent-
hält, indem die Hellespontier auf dem Zug gegen Jarmerich einen Theil
ihrer Leute selbst tödten. Wiewohl jedoch der Verfasser im Wesentlichen
aus deutschen Quellen geschöpft haben mag, so zeigt schon das Vor-

Anfügung betrifft, so weist Jacob Grimm (Haupts Zeitschr. III, 154) darauf hin, das Bragi des Alten Skaldgedicht doch die einfachen Lieder schon voraussetze; *) auch ist mir immer noch das Wahrscheinlichere, dass die acht Edlinge Sigurdarkvida II, 5 Sörli, Hamdir und Erp mit umfassen. **)

Von Aslaug endlich, der angeblichen Tochter Sigurds und Brynhilds, zu reden, ist fast überflüssig; schon ihre Existenz widerstrebt der echten Sage. ***) Die Anfügung, deren Zweck — Verbindung der Völsunge mit der Geschichte des Ragnar Lodbrok — klar zu Tage liegt, ist eine ganz äusserliche und hat unsere Sage selbst in keinerlei Weise modificieren können.

Ausserdem sind nun noch eine Anzahl neuer Personen — von Regin und der Vorgeschichte des Schatzes wird sogleich die Rede sein — in die Sage eingetreten, ohne einen bedeutenderen Einfluss auf den Gang der Ereignisse zu gewinnen. Es wird genügen, folgende zu nennen. Budli, Atlis Vater. Den Namen (beim Rhetor Priscus heisst er Μουνδίουχος) leitet Müllenhoff (Haupts Zeitschr. XII, 161) von goth. *biudan*, ahd. *biotan - offerre*, *iubere* ab. Hiernach muss er für rein sagenhaft gelten, indem man ihn, weil der rechte Name unbekannt war, nach der Vorstellung bildete, „die man von der Herrschaft des Hunnenkönigs gefasst hatte." — Herkia,

---

kommen Gudruns, dass auch die nordische Sage nicht ohne Einfluss war. edit. Steph. 157: Contigit autem, ut Hellespontici praedae partitionem acturi magnam suorum manum peculatus insimulatam occiderent. igitur quod tantam copiarum partem intestina clade consumpserant, aulae expugnationem suis altiorem viribus rati, veneficam, cui Guthrunae erat vocabulum, consulunt, qua efficiente regiae partis propugnatores subito oculis capti in se ipsos arma convertunt. quo viso Hellespontici e. q. s.

*) Bragi lebte am Ende des 8. Jahrhunderts und behandelte die Sage in einem Gedicht.

**) vgl. jedoch Simrock, Edda 498 f.

***) Der Vorwurf von Seiten der Giukunge, dass Sigurd der Brynhild das Magdtum genommen habe, ist freilich schon älter; aber er war falsch: Gripisspa 41. 47. und sonst.

die Beischläferin Atlis, ist die Erka der Thidrekssaga, die
Helche des Nibelungenliedes, die bei Priscus erwähnte *Κρέκα*,
hier nur zu einer niedrigeren Stellung herabgesunken, während sie sonst als Gemahlin des Königs erscheint. — Thidrek,
der Dietrich des Nibelungenliedes und der deutschen Sage
überhaupt, steht noch ganz ausserhalb der Sage; er hält sich
nur an Atlis Hof auf, ohne in die Handlung irgendwie einzugreifen. — Verhältnismässig spät scheinen zu sein die erst
in Atlamal erwähnten Frauen Gunnars und Högnis, Glaumvör
und Kostbera, welche vor der Abfahrt der Niflunge zu Atli
durch bedeutungsvolle Träume geschreckt werden, und namentlich Oddrun, die Geliebte Gunnars, deren Schicksal das
spätere Lied Oddrunargratr erzählt. — Was den Sohn Högnis,
Hniflung, betrifft, so vgl. oben pag. 51.

Der Schatz, dessen Deutung, ebenso wie die des Rings
der Erneuerung, *) bereits oben versucht wurde, ist näher
specialisiert. Sigurd findet in Fafnirs Hause gewaltiges Gut,
womit er zwei Kisten füllt, darunter den Oegishelm, die
Goldbrünne, das Schwert Hrotti und viele Kostbarkeiten.
Diese Stücke, von denen nachher nirgends mehr die Rede
ist, müssen früher doch wohl eine bedeutendere Rolle gespielt
haben. Dem Schwert Hrotti entspricht in der deutschen
Sage Balmung, was Siegfried bei der Theilung des Schatzes
aus demselben im Voraus empfängt; nicht minder aber stellt
sich dieses Letztere dem Schwert Gram zur Seite, mit welchem der Drache getödtet und der Hort erworben wird, und
welches dann überhaupt Siegfrieds Schlachtschwert bleibt.
Es wurde also wohl ursprünglich das Schwert allerdings zu
dem Schatz gerechnet; die nordische Sage vergass aber, dass
es doch immer dasselbe war, welches der Held schon vor

---

*) Bezüglich seiner herrscht in den Quellen nicht volle Uebereinstimmung. Nach der jüngern Edda gibt ihn Sigurd der Brynhild erst
bei der Verlobung für Gunnar, so dass er nie in den Besitz Gudruns
kommt; die ältere Edda und die Völsungasaga aber lassen Sigurd den
Ring das erste Mal bei Brynhild gegen einen andern aus-, das zweite
Mal aber wieder eintauschen und ihn dann der Gudrun schenken.

dem Hort erworben hatte, und liess es ihn deshalb noch einmal darin finden. Gedeutet wurde es schon oben auf den eindringenden Sonnenstrahl. Es erscheint wie der Hengst Grani als Wunschding Odins. *) Mit dem Schreckenshelm ist zusammenzustellen die deutsche Tarn- oder Nebelkappe, die sich, ähnlich wie die griechische Aegis, auf die verhüllende Sturm- und Donnerwolke beziehen lässt. Ob aber auch der Goldbrünne noch eine besondere Deutung zu geben sei, ist wohl mehr als zweifelhaft; wie leicht war es, zu Helm und Schwert einen Panzer hinzuzufügen. — Der auf dem Schatz lastende Fluch ist nicht ursprünglich, sondern die Folge ethischer Reflexionen und steht vermuthlich in Verbindung mit der Ausbildung der Vorgeschichte desselben. **) Ob und in wie fern diese Letztere den ersten Anlass zur Einfügung des Zwerges Regin in die Sage geboten habe, ist ganz unklar. ***)

---

*) Das Schwert Gram hat Odin zuerst dem Siegmund geschenkt, in der Schlacht gegen Lyngwi ihm aber selbst zerbrochen. Die beiden Stücke hat Hiördis für ihren Sohn aufbewahrt, dem sie dann Regin zusammenschmiedet. — Den Hengst Grani wählt sich Sigurd unter Odins Beistand aus dem Marstall Hialpreks. — Gram und Grani entsprechen dem Schwert und Ross Freys.

**) Odin, Hoenir und Loki, die ausgezogen sind die Welt zu besehen, kommen an einen Wasserfall und der Letztere tödtet mit einem Steinwurf eine daran sitzende Otter. Es war Otr, der Sohn Hreidmars, der Bruder Fafnirs und Regins. Als nun die drei Asen abends bei Hreidmar einkehren, erkennt derselbe in ihrer Beute sofort seinen Sohn, wirft sie in Fesseln und verlangt Busse. Sie zu beschaffen, begibt sich Loki an den Wasserfall und fängt darin den Zwerg Andvari, der sich durch die Auslieferung seines Schatzes lösen muss. Da Loki ihm trotz seiner Bitten auch den Ring nimmt, durch den der Schatz sich immer wieder erneuern lässt, so belegt der Zwerg diesen mit dem Fluch, allen seinen Besitzern Verderben zu bringen. Hreidmar wird, weil er das Gold allein behalten will, von Fafnir erschlagen, und dieser verweigert nun seinerseits dem Regin den gebührenden Theil. Regin wendet sich deshalb an Sigurd, um ihn zur Tödtung Fafnirs aufzureizen.

***) Es liesse sich auch wohl denken, dass der Zwerg der Sage von

Mit dem Blute des Drachen, das Regin und dann auch
Sigurd trinkt, lässt Lachmann einen geheimen, wunderbaren
Schutz verbunden sein; ohne Zweifel mit Recht, wenn sich
auch von diesem Schutz in der nordischen Sage nichts findet.
Vgl. oben pag. 42 f. Die Notiz, dass Sigurd (wie alle Völsunge) gegen Gift von aussen fest gewesen sei, ist in dieser
Form in unsrer Sage nicht ursprünglich, sondern aus der
Völsungensage herübergenommen. Uebrigens gelangt nach
unsrer Darstellung Sigurd durch das Trinken des Blutes
nur zum Verständnis der Vogelsprache, was ihn dann aber
allerdings vor der Hinterlist Regins schützt.

Die Entdeckung des an Brynhild bei dem Flammenritt
begangenen Betrugs und somit die Katastrophe der Ermordung Sigurds wird vermittelt durch einen Rangstreit der beiden
Königinnen, indem Brynhild einen vorzüglicheren Mann zu
besitzen behauptet, der ihretwegen die Waberlohe zu durchbrechen gewagt, Gudrun sie aber durch die Entdeckung des
wahren Sachverhaltes widerlegt und in der Hitze des Streites
ihr sogar den Vorwurf macht, sie habe damals durch Sigurd
ihre Jungfrauschaft verloren. Bei der grossen Bedeutung,
die der Streit für die Entwicklung besitzt, ist anzunehmen,
dass er früh in die Sage aufgenommen wurde, vermuthlich
wohl gleich damals, als man anfieng, die Ermordung des
Helden als die Folge seiner Verschuldung zu betrachten.
Demgemäss findet er sich denn auch in allen Darstellungen,
welche dieses Motiv überhaupt kennen, mit nur geringen
Modificationen wieder.

Betreffs des Mordes selbst weichen die verschiedenen

Anfang angehört habe; doch betritt man hiermit ein so schwankendes,
unsicheres Gebiet, dass man selbst etwas Wahrscheinliches aufzufinden
fast verzichten muss. Freyr, auf den wir Sigurd zurückgehen lassen,
ist Herr von Alfheim d. i. Lichtelfenheim. Würde unser Zwerg, der
dann allerdings seine Natur bedeutend verändert haben müsste, diesem
Alfheim angehören, so würde sich sowohl sein Verhältnis zu Sigurd als
seine Beziehung und sein Anspruch auf den Schatz erklären. — Dies
als „experimentum in dubiis".

Darstellungen ziemlich von einander ab. Nach der Völsunga-saga gieng Guthorm morgens in Sigurds Schlafgemach, wo dieser arglos im Bett ruhte. Aber die Augen Sigurds waren so scharf, dass er es nicht wagte, den beabsichtigten Anfall auszuführen, und wieder hinaus entwich. Und ebenso er-gieng es zum andern Mal. Als er aber das dritte Mal kam, war Sigurd eingeschlafen, und er schwang das Schwert und stiess es in die Brust des Schlafenden, dass die Spitze im Polster stand. Darauf eilte er zur Thüre hinaus; aber Si-gurd sprang auf und warf ihm dzs Schwert Gram nach, und es traf ihn im Rücken und schlug ihn in der Mitte von einander. Mit dieser Tödtung im Bett stimmt Sigurdarkvida III (22—24) überein; auch Gudrunarhvöt 4. 17. Hamdismal 6. Dagegen kommt Gudrunarkvida II, 4. 5. Grani traurig von Thing heim, wohl wissend, dass sein Herr todt. Nach dem *brot af Brynhildarkvidhu* 5. fällt er südlich am Rhein. Ob die Ermordung im Bett das ursprüngliche gewesen, (Rassmann, Deutsche Heldensage I. §. 21, 2. Anm.) bleibt zweifelhaft; auch ein assimilierender Einfluss der Helgisage kann nicht eigentlich für erwiesen gelten. Von den glänzen-den Augen Sigurds, die den Guthorm zweimal zurücktreiben, findet sich in den erhaltenen Eddaliedern nichts mehr; doch hat dieser schöne und gewis alte Zug der vollständigen Edda sicherlich nicht gefehlt.

An den Selbstmord Brynhildens hat sich noch die in dem eddischen Lied so prächtig geschilderte Helreid ange-schlossen, die wohl nicht viel jünger sein wird, als der tragische Tod Brynhildens selbst. Nach Simrock (Mythol. 335 f.) ist die Riesin als eine Personification der Anklagen des Gewissens zu betrachten, welche die Gestorbenen bei der Fahrt zur Unterwelt auf der Brücke der Modhgudhr einen Seelenkampf bestehen liessen.

Wiederholt treffen wir ein Eingreifen göttlicher Macht und zwar, soweit es Sigurd selbst betrifft, seines Stammvaters Odin. Von ihm kommt das Schwert Gram, er hilft den Hengst Grani erkiesen, während der Rachefahrt gegen Lyngwi

erscheint er als Hnikar, seinen Liebling aus dem Sturm zu
erretten, bei der Tödtung Fafnirs schützt er ihn durch seinen
Rath vor der Hinterlist Regins. Der Edda freilich fehlt
dieses Eingreifen Odins fast gänzlich; doch trifft die Aus-
lassung niemals die Lieder selbst, sondern nur die auszug-
artigen Zusätze des Sammlers. Es ist sehr wohl denkbar,
dass das unmittelbare Wirken von Gottheiten früherhin in
der Sage noch bedeutender gewesen.

Sehr verbreitet sind Weissagungen und zukunftbedeu-
tende Träume und scheinen mit fortschreitender Entwicklung
der Sage an Ausdehnung zu gewinnen. Schon oben ist derjenigen Träume gedacht, welche Gudrun das Loss des zu-
künftigen Gatten bezeichnen, und dabei an die Baldrs vor
seinem Tod erinnert worden. Ihr Inhalt, welcher uns bei
der deutschen Sage in ähnlicher Weise wiederkehrt, ist nach
der Völsungasaga der, dass Gudrun einen Habicht mit goldnem Gefieder auf der Hand zu halten glaubt, und wiederum
dass sie mit mehreren andern Mädchen einen Hirsch mit
goldnem Haar verfolgt und ihn allein erreicht, Brynhild ihr
aber denselben vor den Knieen erschiesst. Was noch folgt,
dass ihr nämlich Brynhild einen jungen Wolf gibt, der sie
mit dem Blut ihrer Brüder beträufelt, ist gewis ebenso
späterer Zusatz, als das ganze Vorkommen Brynhildens in
dem Traum. — Auch Glaumvör und Kostbera sehen den
Untergang ihres Geschlechts bei Atli, dieser selbst seinen
und seiner Söhne Tod durch Gudrun in Träumen voraus.
— Die Gabe der Weissagung finden wir bei Gripir als ständige Eigenschaft, bei Fafnir, Brynhild, Gudrun mehr als
Product momentaner Erregung, besonders unmittelbar vor
dem Tode. Selbst Hamdir und Sörli scheinen sie in dieser
Weise zu besitzen. — Auch der Gesang der Adlerinnen in
Fafnismal ist hierher zu rechnen. — Einen Einfluss auf den
Gang der Ereignisse gewinnt diese Voraussicht der Zukunft
in unsrer Sage nirgends, und man darf sie wohl zum grössern
Theil als Erzeugnisse des poetischen Schöpfungstriebes be-
trachten.

Zauberei finden wir in der Sigurdsage selbst von Grimhild ausgeübt, die Sigurd einen Vergessenheits-, Guthorm
einen Aufreizungs-, Gudrun einen Versöhnungstrank reicht.
— Runenkenntnis finden wir bei Brynhild, die sie dem Sigurd
mittheilt. — Die mehrfach vorkommende Gestaltverwechselung
ist vielmehr die Folge einer den Betreffenden innewohnenden
Kraft als äusserer Zauberkünste, namentlich bei Fafnir und
Otr. Zweifelhaft kann man sein bei der Gestaltvertauschung
Gunnars und Sigurds; doch möchte ich allerdings nach Analogie der Gestaltverwechselung Signys in der Völsungasaga
am liebsten auch hier eine Verzauberung annehmen.

IV.

Die deutsche Sage zerlegt sich in drei Hauptgestaltungen,
eine niederdeutsche und zwei hochdeutsche, als deren Repräsentanten ich die Thidrekssaga, das Nibelungenlied und das
Lied vom hurnin Seyfrid (kurz Siegfriedslied) betrachte.
Hieran schliesst sich denn einmal als Combination der beiden
letzten Gestaltungen diejenige Umarbeitung des Nibelungenliedes, von welcher Weigand in Haupts Zeitschr. X, pag. 142 ff.
ein Aventiurenverzeichnis abgedruckt hat; sodann die Fortbildung der Geschichte Siegfrieds und Kriemhildens zur
Localsage auf der Insel Hven in der Hvenschen Chronik;
und endlich die eigentümliche Neubildung des Theils von
der Rache im Anhange des Heldenbuchs. Ausserdem tritt
dann aber einer jeden jener drei Hauptdarstellungen eine
Reihe mehr nebensächlicher Quellen zur Seite, die ich hier
nur soweit zu berücksichtigen gedenke, als ihre Besonderheiten für die Entwickelungsgeschichte unserer Sage von
Belang sind. Wenn ich daher im Folgenden kurzweg von
einer Gestaltung der Thidrekssaga, des Nibelungenliedes
u. s. w. spreche, so ist darunter eben nur im Allgemeinen
diejenige Sagenfassung verstanden, als deren Hauptzeugnisse
wir die genannten Denkmäler zu betrachten haben.

Wenn nun aber diese drei Sagengestaltungen unter einander allerdings zum Theil sehr bedeutende Verschiedenheiten aufweisen, so ist doch andrerseits ihre engere Zusammengehörigkeit der nordischen Sage gegenüber unzweifelhaft. Am meisten dieser angenähert erscheint, wie auch am natürlichsten, die niederdeutsche der Thidrekssaga, während dagegen die des Siegfriedsliedes mehr mit der der Nibelunge zusammengeht.

Betrachten wir kurz das allgemeine Verhältnis der deutschen Sage zur nordischen.

Gleich die Vorgeschichte Siegfrieds ist auf deutschem Boden eine vollkommen andere als im Norden; sie ist uns am klarsten in der Thidrekssaga erhalten. Die Anknüpfung an die Völsungensage war ursprünglich so gut wie im Norden vorhanden; doch ist von der Letzteren wenig mehr als einige Namen geblieben. Siegfried ist der Sohn Siegmunds und Siegelindens; *) er verliert nicht nur vor seiner Geburt den Vater, sondern alsbald auch die Mutter. Dagegen treffen wir in der deutschen Sage eine eigentümliche, dem Norden ganz fremde Kindheitsgeschichte, von der unten noch des Weiteren zu reden sein wird. Diese Kindheitsgeschichte, wornach Siegfried neugeboren in einem Glasgefäss vom Strom zu einem Schmiede getragen wird, der ihn erzieht, dürfte anfänglich wohl allen deutschen Gestaltungen gemein gewesen sein. Was das Siegfriedslied betrifft, so ist in dieser Hinsicht jeder Zweifel geradezu ausgeschlossen, da gleich der Anfang Siegfrieds Aufenthalt bei dem Schmied und seinen Drachenkampf der Saga ganz gleich erzählt, später aber noch die Bemerkung folgt, Siegfried habe seine Eltern nicht gekannt und sei bei dem Schmied aufgewachsen (Strophe 47). Im Nibelungenlied ist freilich die Darstellung eine ganz andere, Siegfried verlässt seine Eltern um nach Worms zu ziehen; bedenkt man aber einerseits das ganz unbedeutende und

---

*) Dieses ist ohne Zweifel der richtige Name der Mutter, der dem Norden verloren, in der Saga verkümmert ist.

seinem sonstigen Character gar wenig entsprechende Auftreten
Siegmunds in der Sage, was eine spätere Neuerung vermuthen
lässt, andrerseits die dem ersten Drachenkampf des Siegfriedsliedes analoge Erzählung Hagens Nibelungenlied 16, 3, wo
wir bei der zerbröckelten Darstellung für den Drachen doch
auch einen Bruder, der Schmied ist, als ursprünglich suppo-
nieren dürfen, so ist der Schluss nicht zu kühn, die ältere
Sage habe auch hier den Vater vor dem Sohn sterben und
diesen dann durch einen Schmied erziehen lassen, was aber
mit der Zeit theils verloren gieng, theils umgestaltet wurde.
Freilich entwickelte sich gleichsam nebenher eine zweite,
jüngere und incorrectere Darstellung der Erwerbung des
Hortes, welche die Brüder Niblung und Schilbung als selbständige neue Personen einführte (vgl. unten pag. 87 f.), und
welche dann weiter mit jener älteren Darstellung vom Drachen
und Schmiede in der Weise combiniert wurde, wie wir es
jetzt im Nibelungen- und Siegfriedslied finden.

Fraglich aber muss es immerhin bleiben, ob nicht vielleicht auch der nordischen Sage jene Kindheitsgeschichte
angehört habe. Eine Erziehung Sigurds durch den Schmied,
der ihn dann zum Drachen hinweist, findet sich freilich ebenso,
wie der Tod des Vaters vor des Sohnes Geburt (denn dieses
ist doch wohl auch in der deutschen Sage das ältere); aber
wird diese Uebereinstimmung gestatten, einen so weitgehenden
Schluss zu ziehen?

Was Brunhilde und ihre Erwerbung betrifft, so erblicken
wir in der deutschen Sage ein stufenweises Zurücktreten und
Fortfallen der einzelnen Partieen. Schon die Thidrekssaga,
welche hier der nordischen Gestaltung weitaus am nächsten
steht, weiss nichts mehr von ihrer Vorgeschichte, nichts mehr
von ihrem tragischen Ende; in dem Nibelungenlied ist weiter
auch die erste Befreiung durch Siegfried und ihre Verlobung
mit diesem verschwunden; kaum dass noch hier und da eine
dunkle Spur des älteren Verhältnisses erhalten ist. Das
Siegfriedslied endlich hat sie vollständig aufgegeben. — Ei-
gentümlich scheint der deutschen Sage an Stelle der Waber-

6

lohe die verschlossene Burg gewesen zu sein, die, mythisch
von derselben Bedeutung, in Sagen und Märchen vielfach
wiederkehrt. *)

Hinsichts der Giukunge ist allen deutschen Gestaltungen
der feste Anschluss an das Burgundenreich mit der Residenz
Worms gemeinsam. Der Name Gudrun findet sich nirgends;
Kriemhild ist die Tochter, die Mutter Uote (Oda). Im Sieg-
friedslied und in der Thidrekssaga ist Hagen Bruder der
Könige, im Nibelungenlied aber nur ihr mâc und Dienstmann.
Andere Verschiedenheiten sind unbedeutender.

Aus dem Verrath Atlis an den Giukungen ist überall
ein Verrath Kriemhildens an den Brüdern geworden, wobei
die Entscheidung des Kampfes durch Dietrich herbeigeführt
wird, nachdem alle anderen Helden erschlagen sind. Hierauf
Tod Kriemhildens und zwar in der Hvenschen Chronik (wo-
von weiter unten) durch einen nachgebornen Sohn Hagens,
in den übrigen Darstellungen durch Hildebrand oder Dietrich,
worauf die Thidrekssaga noch die Rache des posthumen Aldrian,
auf Attila übertragen, nachfolgen lässt.

Die Verbindung mit Jörmunrekr und Aslaug war, wie
es scheint, der deutschen Sage fremd; dagegen haben mehrfache Anknüpfungen an die Sage Dietrichs von Bern stattgefunden. Einerseits tritt, wie bemerkt, in der Nibelungen-
schlacht Dietrich als Kämpfer Etzels auf und gibt hier die
eigentliche Entscheidung; andrerseits hat man ihn mit Siegfried selbst sich messen lassen, entweder im Rosengarten zu
Worms oder, wie in der Thidrekssaga, am Hofe Isungs von
Bertangaland. Auch im Biterolf werden die beiden Helden
gegen einander geordnet, doch ohne dass es zu einer eigentlichen Entscheidung kommt. Ebenda finden wir eine dunkle
Anspielung auf eine frühere Beziehung Dietrichs zu Siegfried;

---

*) Als das Ursprüngliche haben wir anzunehmen eine Burg von
Wafurlogi umgeben, welches Verhältnis noch in dem Märchen von Dorn-
röschen erhalten scheint. Die deutsche Sage aber hat die Waberlohe
frühzeitig aufgegeben, die nordische diese grade beibehalten.

dieser ist in seiner Jugend von jenem entführt worden, wozu vielleicht auch Nibelungenl. 177, 4 gehören mag. W. Grimm, Deutsche Heldensage 76. Endlich stellt auch das Gedicht von der Rabenschlacht dem Dietrich auf Ermenrichs Seite die Burgunden entgegen und mit ihnen Siegfried. Letzterer wird von Dietrich besiegt, ergibt sich ihm und überliefert ihm sein Schwert. Die Widersprüche mit der echten Sage hat W. Grimm a. a. O. 212 dargethan.

Ich gehe über zur süddeutschen Gestaltung des Nibelungenliedes. Von dem grossen Streit über die Entstehung des Liedes zu sprechen, unterlasse ich durchaus; eine endgültige Bearbeitung letzter Hand ist in jedem Fall anzunehmen; und wir dürfen seinen Inhalt — das genügt für unsern jetzigen Zweck — ohne Bedenken als einheitliche und selbständige Sagengestaltung auffassen. Sie steht in mehrfachem Gegensatz zur nordischen. Schon die äussere Darstellung ist eine von der der eddischen Lieder durchaus verschiedene. Während dort jedes Lied, gleichsam unbekümmert um alles Uebrige, eine Scene für sich behandelt, knapp, gedrängt, voll kühner Sprünge und Uebergänge, finden wir hier ein langsam-stetiges Fortschreiten, breite, epische Ausführlichkeit; dort ist die Schilderung lebendig, dramatisch, erregt und gewaltsam, hier gleichförmige Ruhe ohne Monotonie, voll tiefen, warmen Gefühls; dort finden wir eine Tragödie voll Kraft und Leidenschaft, hier ein Epos voll edler plastischer Ruhe.

Vor Allem tritt uns eine gewaltige Zunahme des Sagenstoffs entgegen, und zwar nicht minder in Bezug auf die Menge und Ausdehnung der mannigfaltigsten Scenen und Situationen, als in Bezug auf die bedeutende Zahl neu eingetretener Personen. Fällt das Erste im Ganzen mehr auf Rechnung des dichterischen Erfindungstriebes, so hat das Letzte seine hauptsächlichste Ursache in der fortschreitenden Anknüpfung an Geschichte und andere Sagen. Der mythische Kern, welcher in der einfacheren, nordischen Gestaltung noch verhältnismässig klarer und deutlicher hervortrat, ist gänzlich

6*

überwuchert, und was wir noch als ihm angehörig erkennen, in seiner Bedeutung vollständig verwischt; gegen das Wunderbare und Unbegreifliche ein unbewusster Vertilgungskampf unternommen, und wo sich derartige Elemente überhaupt noch finden, erscheinen sie meistens, alles Zusammenhangs entkleidet, allerdings doppelt wunderbar und unerklärlich. Ist aber so einerseits die mythische Grundlage vollständig verloren, so ist doch andrerseits der innere Zusammenhang der Ereignisse fest gewahrt und zum Theil mit Geschick und Glück wieder hergestellt. Nicht nur im ersten Theil entwickelt sich streng und logisch eins aus dem andern ohne Lücke, ohne Sprung; auch der zweite Theil, der noch in der nordischen Sage einer genügenden Verbindung entbehrte, ist von diesem Mangel hier vollständig befreit, er ist eine strenge Consequenz. Dass in mancher Hinsicht der Schwerpunkt der ganzen Dichtung grade in ihm zu liegen scheint, kann an diesem Urtheil nichts ändern. — Die auftretenden Helden sind, so weit sie deutschen Ursprungs, Christen mit christlichen Gebräuchen und Anschauungen (freilich ohne dass das Heidnische alles hätte unterdrückt werden können) und treten als solche in einen gewissen Gegensatz zu den heidnischen Hunnen. Sie sind Ritter und lassen sich durch die Anforderungen ritterlicher *hövescheit* und *kurtoisie* bestimmen. Sie sind Fürsten und Lehnsträger und als solche sich zu gegenseitiger Treue verpflichtet. Durchweg zeigt die Darstellung die verfeinerte Sitte und Lebensweise eines vorgerückteren Zeitalters; allenthalben tritt eine gewisse Pracht des öffentlichen wie des Privatlebens hervor, und mit Vorliebe wird mitunter bei derartigen Schilderungen verweilt.

Das Nibelungenlied gibt uns nicht eigentlich die ganze Siegfriedsage, sondern beginnt erst mit der Ankunft des Helden in Worms; der fehlende Anfang, Drachenkampf und Erwerbung des Hortes, wird nur nachträglich in einer Episode geschildert. Von einem ersten Zusammentreffen Siegfrieds mit Brunhild finden sich kaum einige Spuren. Trotz dieser Auslassungen will das Lied die Lebensgeschichte

Siegfrieds von vorn berichten, verwickelt sich aber dabei in
den Widerspruch, dass es bei Erzählung der Jugendzeit des
Helden für seine Abenteuer nirgends Raum lässt, ihrer nirgends auch nur andeutungsweise gedenkt, dieselben alsbald
aber bei seiner Ankunft am Hofe der Burgunden als geschehen voraussetzt.

Der Vater Siegfrieds, Siegmund, ist einfach ein König
von Niederlanden, der zu Xanten residiert, seine Gemahlin
Sieglinde; Siegfried verbringt dort seine Jugend und empfängt
den Ritterschlag, der Vater überlebt den Sohn und für Alf
und Hialprek ist so wenig Raum wie für die Vaterrache.
Die Völsunge waren bis auf einige Namen vergessen, die
Sage fühlte die Lücke, fühlte das Bedürfnis, diese Lücke
auszufüllen, und Siegfried erhielt reiche und glückliche Eltern, wie man sie sich am liebsten für ihn denken mochte.
Wenn sie ihren Sitz haben

in einer richen bürge witen wol bekant,

nidene bî dem Rine, diu was ze Santen genant:

so führt uns dies eben wieder in das Frankenland der Edda,
eine sicherlich nicht zufällige Uebereinstimmung. — Von
einer Erziehung und Aufreizung durch Regin hören wir
durchaus nichts. Vgl. oben pag. 81.

Von dem Drachenkampf und der Erwerbung des Hortes
gibt Hagen bei der Ankunft Siegfrieds zu Worms eine an
diesem Ort allerdings wenig passende Schilderung. Der
Held findet vor einem hohlen Berge die Könige Schilbung
und Niblung im Begriff ihres Vaters Schatz zu theilen. Sie
fordern ihn auf, die Theilung vorzunehmen, und geben ihm
zum Lohn im Voraus das Schwert Balmung. Ohne dass
man den Grund einer Entzweiung erkennt, *) gerathen sie in
Zank, Siegfried tödtet die Könige sammt ihren zwölf Riesen,
und besiegt weiter siebenhundert Recken; dem Zwerg Albrich,

---

*) 15, 3 : si wurden mit dem dienste vil übele gewert,
den in dâ leisten solde der vil küene man.
ern kundes niht verenden : dô wart der helt von in bestân.

der seine Herren rächen will, zwingt er die Tarnkappe ab, lässt ihn Treue schwören und setzt ihn zum Hüter des Schatzes ein, den er in den Berg zurücktragen lässt. — Weiter erzählt Hagen die Besiegung eines Lintdrachen und zwar als eine von der Erwerbung des Schatzes durchaus unabhängige Heldenthat. Da habe er sich im Blute gebadet und sei hörnern geworden, ausgenommen, wie wir später hören (136, 7), eine Stelle zwischen den Schultern, wohin ihm während des Badens ein breites Lindenblatt gefallen war: *dâ mac man in verhouwen.* — Als sich die Helden in der Burg Brunhildens auf der Werbung befinden, fährt Siegfried zu Schiffe nach dem Nibelungenland, um Hülfe zu holen, kämpft mit einem Riesen und wiederum mit Albrich, die beide seine Diener sind, ihn aber nicht erkennen, und wählt von den dreissigtausend Recken tausend aus, die er mit sich führt.

Beide Stellen zeigen nicht nur eine vollständige Umgestaltung der alten Sage, sondern auch eine ziemliche Verworrenheit und Unklarheit in sich.*) Zu ihrer Aufklärung scheint es zweckmässig, die Darstellung des Siegfriedliedes herbeizuziehen. Dort trifft Siegfried bei der Verfolgung der Drachenspur den Zwergkönig Eugel, der ihm (nach einem kurzen Kampf) den Weg zur Wohnung des Riesen Kuperan zeigt. Der Letztere hat den Schlüssel zum Drachenfelsen in Verwahrung. Zweimal überwunden, liefert er dem Helden das Schwert aus, mit dem allein der Drache zu besiegen ist; gleich darauf beginnt er treulos einen dritten Kampf, in dem er getödtet wird. Zuletzt kommt der Drache selbst gefahren; aber auch in diesem vierten, härtesten Streit gewinnt Siegfried die Oberhand. — In dem Berge nun aber, auf welchem der Drache sein Lager hatte, hüteten Eugel und seine zwei Brüder den Schatz ihres verstorbenen Vaters Nibelung; da sie während des Kampfes befürchten, der Berg möge zusammenstürzen, so tragen sie ihn heraus. So findet ihn Sieg-

---

*) cf. W. Müller, Versuch u. s. w. pag. 34 ff.

fried nach der Besiegung des Drachen und nimmt ihn auf seinem Pferde mit sich.

Dem nordischen Fafnir entspricht hier sowohl der Drache als der Riese Kuperan. Fafnir war ein Jötun, der erst, nachdem er seinen Vater erschlagen und dessen Schatz sich angeeignet, Drachengestalt angenommen hatte, zur Gnitaheide gefahren war und dort auf dem Gold lag. Diesen Zug wusste die spätere Sage nicht aufrecht zu erhalten und statuierte vielmehr einen auf dem Gold brütenden Drachen und einen Riesen, der nach Tödtung des Vaters dessen Schatz in Besitz genommen. Dieser Letztere ist eben Kuperan, der auch in dem Liede noch dem alten Niblung den Schatz gewaltsam entreisst und hierdurch seinen Tod herbeiführt. *) Schon hieraus ergibt sich, dass Niblung ursprünglich des Riesen Vater und sein Sohn, der Zwerg Eugel, dessen Bruder, mithin der Regin der nordischen Sage ist. Er ist es, der Siegfried zum Riesen und Drachen weist und ihm so zugleich das Schwert verschafft. Dieselben drei Erscheinungen nun kehren uns im Nibelungenliede wieder. Eugel ist Albrich, bei dem wir die Tarnkappe treffen, den Siegfried bezwingt und sich unterthänig macht. Kuperan ist der Riese, mit dem Siegfried Nlied 74, 5 ff. kämpft, weil er ihm — er ist *porte-naere* — den Zugang nicht gestatten will. Der Lintdrache endlich steht freilich zu dem Schatz in gar keiner Beziehung mehr; indessen ist einerseits dieses Verhältnis ja auch nach der Darstellung des Siegfriedliedes sehr unbestimmt, und andrerseits schliesst die Erzählung Hagens seine Besiegung doch ganz in derselben Weise an die der Zwerge und der Riesen an, wie wir es auch im Siegfriedliede finden.

Eine andere Schilderung der Erwerbung des Hortes legte indessen mehr Gewicht auf die Tödtung der beiden

---

*) In dem Lied heisst es allerdings nur, Kuperan habe sich die Zwerge unterthänig gemacht und der alte Niblung sich zu Tode gegrämt. Man erkennt aber auch in dieser leichten Modification das alte Verhältnis ohne Mühe wieder. cf. Rassmann a. a. O. I, 140 f. Eugel und seine Brüder haben nur den Schatz zu hüten.

Brüder, die sich über die Theilung des väterlichen Schatzes nicht einigen konnten, und so bildete sich denn nebenher die Sage von Schilbung und Niblung aus, die Siegfried zum Schiedsrichter erwählen, von diesem aber mit dem eigenen Schwert erschlagen werden. Freilich ist das in der nordischen Sage so klare Verhältnis hier sehr getrübt und undeutlich; weder sieht man, warum sie eines Schiedsrichters überhaupt bedürfen, noch warum sie ihm im Voraus das treffliche Schwert übergeben, *) noch warum sie zuletzt mit ihm in Streit gerathen. Der wahre Zusammenhang war verloren, und bei der zurücktretenden Bedeutung dieses Sagentheils in unserem Nibelungenliede fand sich der Dichter nicht ver anlasst, ihn aufs neue ausführlicher darzustellen.

Das Nibelungenlied also zeigt gewissermassen eine Verbindung beider Darstellungen und zwar so, dass die hadernden Brüder als die eigentlichen Herren, der Riese aber und Albrich als ihre Untergebenen und blosse Hüter des Schatzes erscheinen, die mit dem Letzteren zugleich in den Dienst des neuen Herrn übergehen. In der Erzählung Hagens freilich findet sich von dem Riesen nichts; dafür aber treten zwölf Riesen auf, mit denen Siegfried kämpfen muss, und die vielleicht vermittelt werden durch die Tarnkappe, welche die Stärke von zwölf Männern verlieh. Die auftretenden siebenhundert (später sind es gar dreissigtausend) Recken mögen wohl nur der Vorstellung einer mit dem Hort verbundenen Königsherrschaft ihr Dasein verdanken. Wie unsinnig die Nlied 74, 5 ff. geschilderten Kämpfe an sich sind, braucht nicht erst bemerkt zu werden; unzweifelhaft haben wir darin nur eine andere Darstellung der ursprünglichen, ernsthaften Kämpfe zu erblicken, die nur nicht mehr an richtiger Stelle stehen. — Die Namen Schilbung und Niblung deuten beide auf Wesen der Unterwelt. cf. Simrock, Mythologie 451 f. Beide erhielten zum Vater den (im Nibelungen-

---

*) Das Schwert ist das Symbol der Gerichtsbarkeit. Nach dem Tode des Vaters empfieng es der älteste Sohn, das Erbe zu theilen.

lied selbst nicht genannten) Niblung, der ins Siegfriedslied zugleich mit den Söhnen Eingang fand.

Mit dem Schatz sind ebenfalls einige Veränderungen vorgegangen. Dass sein Edelgestein von hundert Lastwagen nicht gefasst wird, ist nur eine poetische Ausschmückung, die aber zeigt, dass Siegfried ihn nicht mehr zu sich aufs Pferd nahm. Von einem auf ihm ruhenden Fluch hören wir nichts mehr, wenngleich seine Besitzer alle den Untergang finden. An Stelle des Rings Andvaranaut, mit dem er immer erneuert werden kann, finden wir einerseits die Wünschelruthe (170,7), andrerseits den Ring, welchen Siegfried (103, 2) der Brunhild abnimmt und Kriemhilden schenkt.

Was schliesslich das Baden im Blut betrifft und die dadurch entstehende Hornhaut, so ist dies nur eine Vergröberung des älteren Verhältnisses (vgl. pag. 42 f.), hervorgerufen durch das Bestreben, Wunderbares äusserlich begreifbar zu machen.

Die Darstellung von Siegfrieds erstem Auftreten bei den Burgunden zeigt, mit der nordischen Sage verglichen, mehrfache, durch anderweite Umgestaltungen bedingte Veränderungen. Denn da die Sage von einer früheren Verlobung mit Brunhild nichts mehr weiss, so kann Siegfried auch keinen Treubruch an ihr begehen, und es bedarf denn auch keines Zaubertrankes ihn zu erklären. Worms ist das Ziel seiner Reise; er kommt mit herrlicher Ausrüstung von Hause als Bewerber um die Königstochter, und um ihretwillen leistet er den Burgunden seinen Beistand. *)

Aber obgleich unsere Darstellung diesen Zusammenhang aufs entschiedenste geltend zu machen sucht, so ist sie doch unvermögend, die Sage überall nach der neuen Grundlage zu gestalten, und das ältere Verhältnis bricht wiederholt hervor. Siegfried kennt bei Brunhilde Land und Leute und wird wieder gekannt (63, 3 ff.), er ist im Stande, Gunther

---

*) Die Aufforderung zum Kampf, welche Siegfried anfänglich an die Burgunden richtet, scheint mir hierfür ganz nebensächlich zu sein.

von der *vreislichen site* der Königin zu berichten (50, 5);
auch tritt deutlich hervor, dass Brunhilde ihn von früher
her liebt (93, 7), wenngleich der Dichter diese Liebe nach
seinem Plan allerdings möglichst zu unterdrücken sucht.
Das Alles beweist einen früheren Aufenthalt Siegfrieds auf
dem Isenstein. Wann aber und wie das gewesen, darüber
schweigt das Lied durchaus, und eine Verlobung Siegfrieds
mit Brunhilde wird wiederholt bestimmt ausgeschlossen.
Weder empfängt sie ihn irgend mit Vorwürfen (wie z. B. in
der Thidrekssaga), als er im Gefolge Gunthers zu ihr kommt,
noch hört man etwas dergleichen von ihr, als eine Jungfrau
ihr den Siegfried von den fremden Gästen nennt. Entscheidend ist übrigens 64, 2 *), da, wenn man an ein früheres
Verlöbnis gedacht hätte, diese Worte der Brunhild nicht
gegeben werden konnten. — Auch das alte Dienstverhältnis
Siegfrieds zu Gunther wusste die Sage nicht vollständig zu
beseitigen, da es doch dem übrigen Zusammenhang entschieden widerstrebt; es ward daraus, schwächlich motiviert, eine
bloss scheinbare Unterthänigkeit, die man dann zugleich
verwandte, den nach Hause zurückgekehrten Siegfried wieder
nach Worms zu bringen.

Was aber den Hof zu Worms selbst betrifft, so ist von
der Anlehnung des Königsgeschlechts an die Burgunden
schon oben die Rede gewesen. Ob freilich das Verwandt-
schaftsverhältnis der burgundischen Könige wirklich das
unseres Liedes war, mag zweifelhaft bleiben; dass grade
Gundaharius in den Vordergrund trat, könnte sich schon
daraus erklären, dass grade er im Kampf mit den Hunnen
umkam. An Stelle des Gibica finden wir den Dancrat, für
die Mutter den verbreiteten Namen Ute. Für die Ersetzung
Godomars durch Gernot hat Müllenhoff (Zeugnisse und Ex-

---

*) Dô sprach diu küneginne: Nu brinc mir mîn gewant;
und ist der starke Sîvrit komen in daʒ lant
durch willen mîner minne, es gât im an den lîp:
ine fürht in niht sô sêre, daʒ ich werde sîn wîp.

curse zur deutschen Heldensage XIX, 2 in Haupts Zeitschr. XII, 315) den Grund darin erkannt, „dass manche mit *Got*-componierte Namen dem christlichen Gefühle anstössig wurden und daher ausser Gebrauch kamen." — Von Schwestern und sonstigen Verwandten nichts. Neu treffen wir insbesondere eine grosse Anzahl von Dienstmannen.

An diesem Hof also lebt Kriemhild: *die helde hêtens in ir pflegen*. Auch sie hat einen beunruhigenden Traum, in welchem man den ersten Traum Gudruns in der Völsungasaga (s. oben pag. 78) wieder erkennt; nur dass dort das Ende fehlt, was uns hier erhalten ist: der Falke wird von zwei Aaren (Hagen und Gunther) zerrissen.

Die weitere Erzählung bis zur Fahrt nach Island enthält im Wesentlichen nur weite Ausführungen von Ereignissen, die an sich für die Sage nebensächlich sind und keinen Fortschritt bringen. Wichtiger aber ist die Umgestaltung, welche die Erwerbung Brunhildens für Gunther erfuhr. Die Darstellung des Liedes ist kurz folgende.

Auf dem Isensteine fern über der See herrscht eine Königin, Brunhilde, *unmâzen schoene, vil michel was ir kraft*, die nur demjenigen als Weib sich fügen will, der sie selbst in drei Wettkämpfen besiegt: *gebrast im an dem einen, er hêt daz houbet sin verlorn*. Gunther, der die gefährliche Fahrt unternehmen will, bittet Siegfried um seinen Beistand; dieser sagt ihn zu, wogegen Gunther ihm Kriemhilde zum Weib verspricht und *des swuoren si dô eide*. In Brunhildens Herrschaft angekommen, besteht Siegfried, der sich für Gunthers Mann ausgibt, in der Tarnkappe alle Wettkämpfe für Gunther und gewinnt ihm die Braut. (*Nu habe du die geberde, diu werc wil ich begân.*) Brunhilde übergibt Land und Leute dem Gunther und zieht mit ihm nach Worms. — Sodann folgt eine ausführliche Beschreibung, wie Siegfried als Bote voran zieht und den Erfolg meldet, wie Gunther mit Brunhilde in Worms ankommt und dort mit grosser Herrlichkeit die Doppelhochzeit begangen wird. Aber in der allgemeinen Freude sitzt Brunhilde da trübe und schweigsam, Thränen

netzen ihre Wangen: sie sieht den geliebten Mann im Besitz
der glücklicheren Nebenbuhlerin. Er ist Gunthers Dienstmann; was konnte jenen bewegen, ihm die Hand der Königstochter zu geben? Hier liegt ein Geheimnis, das man ihr
verbergen will. Klarheit verlangt sie, ehe sie sich dem
schwächlich scheinenden Gatten zum Weib ergeben will, und
da dieser ihre Forderung nicht erfüllt, wird er in der Nacht
von ihr gebunden und an einen Nagel gehängt. Wieder
muss Siegfried helfen, und zum zweiten Male erzwingt er
dem Freunde die Gattin. Dabei nimmt er ihr einen Ring
und einen Gürtel, die er beide später Kriemhilde schenkt.

Vielfach bemerken wir wiederum den Verlust mythischer
Bezüge und ein unbewusstes Streben, das Wunderbare zu
entfernen oder auf natürliche Weise zu erklären, ohne dass
dieses Ziel vollständig erreicht wäre. Die Vorgeschichte
Brunhildens ist freilich ganz aufgegeben; sie ist nur noch
eine Königin von aussergewöhnlicher Stärke, die ihre Freier
eine Probe der Kraft und des Muthes bestehen lässt. Woher
ihr aber diese ungewöhnliche Stärke gekommen sei, erfahren
wir nirgends; ebensowenig, warum dieselbe bei ihr an den
Stand der Jungfrauschaft geknüpft ist. Die Burg, in der
sie sich befindet, ist der mythischen Bedeutung nach mit
der Waberlohe identisch, beide deuten auf die Unterwelt;
(cf. W. Müller a. a. O. 82 ff.); unser Lied aber sieht darin
nur eine gewöhnliche, natürliche Burg von grosser, seltsamer
Pracht; von 'einer Heldenthat beim Eindringen in dieselbe,
von einem göttlichen Ross, welches dies allein ermöglichen
kann, weiss sie nichts. Gewissermassen einen Ersatz dafür
bilden die Kämpfe. Die Gestaltvertauschung ist fortgefallen,
dagegen hat die Tarnkappe die Kraft, ihren Träger unsicht-
bar zu machen.

Wie verhält es sich nun aber mit jener zweiten Bezwingung der Jungfrau in dem nächtlichen Ringkampf?
Nach der ursprünglichen Sage war Siegfried allein in Gunthers Gestalt in Brunhildens Burg eingedrungen; so finden
wir es noch in der nordischen Sage, und eben hierin lag der

Grund zu jener Scheinvermählung mit dem Schwert Gram in der Mitte. Bei der Neubildung des Liedes, wonach Gunther mit Siegfried nach dem Isenstein kommt, fiel dieser Grund weg. Das Beilager Siegfrieds mit Brunhilden selbst aber konnte die Sage schon darum nicht aufgeben, weil Siegfried der Brunhilde hierbei den Ring nehmen musste, den Kriemhilde später vorzeigte, und namentlich weil die angebliche Untreue Siegfrieds bei dieser Gelegenheit nachmals seine Ermordung zu motivieren hatte. Man musste also, was man nicht unterdrücken konnte, zu erklären suchen: wie kam Siegfried zu jenem Beilager mit Gunthers Gattin? Nun war Brunhilde ein *ungehiurez wip* (99, 2); so lange sie Jungfrau war, von Keinem zu überwältigen als Siegfried: da lag es nahe genug, eben hierin jene Erklärung zu suchen. Von dem Dichter wird dann aber dieser nächtliche Kampf, eben wie in der nordischen Sage das Beilager, benutzt, zugleich die Treue Siegfrieds in ein glänzendes Licht zu setzen. — Was übrigens den Isenstein selbst betrifft, so wollte der süddeutsche Dichter Brunhildens ganz unbekannte Heimat in eine möglichst ferne, fabelhafte Gegend versetzen.

Es folgt die für die Sage im Ganzen unwesentliche Darstellung der Heimreise Siegfrieds und seiner Gemahlin, eine bei der Erzählung von der niederländischen Herrschaft naturgemässe Neubildung, wenn man nicht die Ermordung alsbald nach der Hochzeit geschehen lassen wollte. Nach zehn Jahren wird das Paar auf Drängen Brunhildens, die Siegfried noch immer für Gunthers Mann hält, zu einer *hôhgezit* geladen, bei der sich dann der Streit der Königinnen entspinnt, und deren Ende die Ermordung Siegfrieds bildet.

Der Zank geht auch hier aus von der Werthschätzung der Männer, wobei Brunhilde für Gunthers höhern Werth jedoch nicht das Argument der nordischen Sage anführt, dieser habe es allein gewagt, sie zu bezwingen, sondern nur, Siegfried sei unfrei. Dass Siegfried wegen der Verläumdung vor Gunther sich reinigt, fehlt der nordischen Sage. Hinsichtlich des Mordes und der Stellung dazu gruppie-

ren sich die Personen wesentlich anders als in der Edda.
Dass Hagen der ursprüngliche Mörder sei, haben wir schon
ohne Bedenken als feststehend angenommen. Dass er im
Norden vom Mord abmahnt, ist hierfür ganz gleichgültig.
Man brauchte eine solche Person, die gleichsam das bessere
Gewissen der Verbrecher repräsentiert; hier ist es Giselher,
der auch nach Siegfrieds Tod von Allen am treusten zu
seiner Schwester hält. Gunther spielt durchaus die Rolle
eines characterschwachen und ehrlosen Wichtes; ohne Energie
im Guten wie im Bösen, nimmt er erst die Reinigung Siegfrieds vollständig an und begnügt sich nachher beim Mord-
rath keine Stimme zu haben, hier unstreitig die widerlichste
Person der ganzen Sage. Ute scheint von dem Plan nichts
zu wissen. Alle Uebrigen stimmen entschieden für den Mord,
der endlich auf eine ganz besonders verrätherische Weise
(fälschlich) im Waskenwalde vor sich geht. Auch hier nimmt
Siegfried Rache an dem Mörder, doch ohne dass sie dessen
Tod zur Folge hat. Die angestellte Jagd ist von dem Dichter
geschickt benutzt, Siegfried noch einmal im vollen Glanz
seines Heldentums zu zeigen, und namentlich gehört die
Darstellung seines Todes selbst unstreitig zu dem Schönsten
der gesammten mittelhochdeutschen Literatur. — Neu treffen
wir insbesondere die Fiction des Dänenkrieges, die Verhin-
derung der tausend Nibelungenrecken an der Rache durch
Kriemhilde, die Entdeckung des Mörders durch das Bahrgericht u. a. — Nach der Bestattung zieht Siegmund in sein
Reich zurück, Kriemhilde bleibt in Worms. Vgl. oben pag.
42. Brunhilde stirbt nicht mit Siegfried; sie lebt und überlebt alle ihre Freunde und Feinde. Zu einem Selbstmord
war ja auch mit der Unterdrückung ihres früheren Verhältnisses zu Siegfried jeder Grund weggefallen. Für Glaumvör
und Kostbera aber ist keine Stelle.

So leben sie dreizehn Jahre zusammen, bis Etzel um
Kriemhilde freit. Und hier beginnt denn der zweite Theil
des Liedes — die Rache. Er ist mit solcher Vorliebe und
Wärme ausgeführt, dabei sein Umfang besonders durch Ein-

führung fremder Helden derartig angewachsen, dass, wie
schon bemerkt, grade in ihm der Schwerpunkt der ganzen
Dichtung zu ruhen scheint. Er macht deshalb auch trotz
seiner engen inneren Verbindung mit dem ersten Theil gewissermassen ein selbständiges, in sich geschlossenes Ganze
aus. Es wird genügen, dasjenige hervorzuheben, was sich
als Fortbildung der ursprünglichen Momente erweist.

Vor Allem aber tritt uns die schon erwähnte Umkehrung
dieses Theils der Sage, wornach Kriemhilde nicht ihre Brüder
an Etzel, sondern ihren ersten Gemahl an seinen Mördern
rächt, zum ersten Mal, aber bereits vollständig durchgeführt
entgegen. Die Möglichkeit einer solchen Umbildung war
gegeben insbesondere durch das Zurücktreten der Blutrache
und die Ausbildung der ritterlichen Anschauungen von der
Minne. Als einen Grund aber für ihr Eintreten habe ich
schon oben die lose Verbindung beider Theile bezeichnet.
Allerdings trifft auch in der nordischen Gestaltung die Mörder
ihre Strafe; aber sie trifft sie ohne Zuthun und gegen den
Willen der Gekränkten, so dass sie genau genommen gar
nicht als Strafe für das Verbrechen gelten kann, was doch
die Einheitlichkeit der Handlung und die poetische Gerechtigkeit verlangten. So lag die Aenderung dem Keime nach
schon in der Sage selbst. Und hier mag denn allerdings
wohl auch der Untergang des burgundischen Reiches durch
die Franken 538 von Einfluss geworden sein. cf. Müller a.
a. O. 30 ff. Denn abgesehen von verschiedenen zusammentreffenden Zügen im Einzelnen und der grossen Aehnlichkeit
mehrerer Namen, mochte leicht auch an und für sich jener
blutige Untergang des burgundischen Gundahari in der Sage
von dem späteren Zusammensturz des ganzen Reiches Züge
entnehmen, indem man in diesem gleichsam nur eine rich-
tigere Darstellung jener Katastrophe erblicken konnte.

Diese bedeutende Umgestaltung hat nun wie natürlich
noch eine Reihe weiterer Veränderungen zur Folge gehabt.
Je mehr die ganze Katastrophe einzig als das Werk von
Kriemhildens Rache betrachtet wurde, um so mehr musste

nordischen Sage. Etzel ist durchaus der historische Attila;
seine Residenz, die *Ezelenburc*, sei sie Ofen oder Grom,
jedenfalls in Ungarn, Helche seine durchaus ebenbürtige
Gemahlin, Blödelin, sein Bruder, der geschichtliche Bleda.
Des Vaters Name ist Botelunc, der als Patronymicum gebil-
dete Budli der Edda. — Bedeutend gesteigert ist das Eingreifen Dietrichs. Er ist es, der zuletzt durch seine Kraft
den Ausschlag gibt und den Mörder der Königin überliefert.
Vielleicht mochte, zumal in Süddeutschland, eine vollständige
Enthaltung von dem furchtbaren Kampfe dem Heldentum
desselben nicht zu entsprechen scheinen; vielleicht auch wollte
man die Amelunge in den allgemeinen Untergang mit verwickeln.

Verweilen wir noch einen Augenblick bei der Character-
schilderung des Liedes. — Ganz entsprechend der nordischen
Sage ist die Erscheinung Siegfrieds gezeichnet. Ein edler,
reiner, glänzender Held, Alle weit überragend, der liebevollste
Gatte, der treuste Freund, der stärkste Helfer in Nöthen,
dessen einzige Schuld darin besteht, dass er das Geheimnis
von Brunhildens Bezwingung Kriemhilden vertraut. — Brunhilde ist entschieden gesunken. Da man von einem frühern
Verhältnis Siegfrieds zu ihr nichts mehr hört, so ist ihr
Betragen gegen Gunther unerklärlich, und der schimpfliche
Ausweg, den dieser ergreifen muss, lediglich durch sie ver-
schuldet. In ihrem Verhältnis zu Kriemhilden zeigt sie sich
hoffärtig und übermüthig sowohl da, wo sie Gunther bittet,
Siegfried nach Worms zu bescheiden, als bei dem Streit über
den Werth der Männer. Ihr Verlangen nach des Helden Tod
wird nicht mehr durch die eiserne Festigkeit ihres Characters
begründet; ihre Motive sind wenig mehr als beleidigte Eitelkeit und eine unedle Rachbegierde. Nach der blutigen That
fühlt sie sich befriedigt, die Gegnerin ist gedemüthigt und
vernichtet, ihr Schmerz rührt sie nicht (166, 5):

> *Prünhilt die schoene mit übermüete sa*$,$
>
> *swa*$,$ *kriemhilt geweinte, un maere was ir da*$,$.

Für den Selbstmord, der im Norden ihre ganze Erscheinung

so idealisch erhob, ist keine Stelle mehr: sie ist — seit ihrer
Vermählung — ein gewönliches Weib voll niederen Ehrgeizes,
ohne Edelmuth, das nur noch für die Ermordung Siegfrieds
von Bedeutung ist, dann aber in der Erzählung fast durchaus verschwindet.

Wie es ihr Loss ist, vom Uebernatürlichen und Wunderbaren ins gewöhnliche Leben herabzusteigen und sich darin
zu verlieren, so ist es umgekehrt das Kriemhildens, aus der
ruhigen, bescheidenen Zurückhaltung ihres Jugendlebens zum
Ausserordentlichen und Ungeheuren sich zu erheben. Die
Entwicklung ihres Characters ist klar und psychologisch
richtig. Naive, jungfräuliche Schüchternheit gegenüber der
Männerwelt, kindliche Pietät gegen die Eltern, zärtliche,
schwesterliche Zuneigung zu den Brüdern sind die Grundzüge
ihres Wesens bis zur Verbindung mit Siegfried. Von da ab
wird es innige, unveränderliche Liebe zu diesem und be-
wusster Stolz auf die Grossartigkeit seiner Erscheinung.
Dieses Gefühl ist es, was sie absichtslos das erste Wort zum
Streite mit Brunhilden thun lässt; das volle Herz hat das
Bedürfnis sich auszusprechen (124, 4): *nu sihstu, wier stât,*
> *wie rehte herrenliche er vor den recken gât,*
> *alsam der liehte mâne vor den sternen tuot:*
> *des muoʒ ich wol von schulden tragen vroelichen muot.*

cf. 135, 4. Den Eifer und die Leidenschaftlichkeit bei dem
Vorwurf der Dienstbarkeit können wir leicht erklären und
entschuldigen; später bereut sie das Geschehene und wünscht
sich mit Brunhilden zu versöhnen. Allem Argwohn fern lässt
sie sich von Hagen überlisten und verräth ihm, der das Leben
Siegfrieds zu beschützen verspricht, die verwundbare Stelle.
Ergreifend ist ihr Schmerz bei dem Tode des Gemahls; aber
sofort auch durchzückt sie eine Ahnung des wahren Verhältnisses: *eʒ hât gerâten Prünhilt, daʒ eʒ hât Hagene getân.*
Durch das Bahrgericht wird ihr aller Zweifel benommen
(158, 6): *die selben schâchman sint mir wol bekant.*
> *got laʒ eʒ noch errechen sîner friunde hant.*
> *Gunther unde Hagene, jâ hebt ir eʒ getân.*

Von jetzt ab ist Rache ihr einziger Gedanke. Zwar kommt nach viertehalb Jahren eine Art Versöhnung mit Gunther zu Stande; mit dem treulosen Mörder selbst aber, der eine Unbill auf die andere häuft, ist für alle Zeit jede freundschaftliche Beziehung abgeschnitten. Da kommt die Werbung Etzels. Die grosse Abneigung vor jeder zweiten Ehe wird endlich zurückgedrängt durch die Hoffnung, hier die Mittel zur Erreichung ihres jetzt noch einzigen Wunsches zu finden, Siegfried an seinen Mördern zu rächen. Zäh und energisch verfolgt sie dieses Ziel, es ist die Triebfeder aller ihrer Handlungen. Freilich kann sie es nicht erreichen, ohne zugleich ihre Brüder mit ins Verderben zu bringen; aber nachdem alle ihre Bemühungen, Hagen allein in ihre Gewalt zu bringen, mislungen sind, schreckt sie, von Wuth und Rachsucht zerrissen, auch vor dieser letzten, grässlichen Unthat nicht zurück. Nach Erreichung dieses ihres Lebenszwecks kann sie selbst nicht mehr am Leben bleiben, auch sie muss ihre Grausamkeit und Verrätherei mit dem Tode sühnen.

Gunther steht wesentlich auf dem Standpunkt des nordischen Gunnar, nur lässt ihn die Art, wie er sich Brunhilde doppelt gewinnen lassen muss, und die Stellung, die er sowohl dem Streit der Königinnen als der Ermordung Siegfrieds gegenüber einnimmt, noch verächtlicher erscheinen. Auch hier ist die Aussicht auf Machtzuwachs wieder ein Hauptgrund seiner Zustimmung zu dem Mord (132, 3).

Was Hagen betrifft, so ist eine ganz verschiedene Characterzeichnung die naturgemässe Folge seiner verschiedenen Stellung. Er ist der Mörder und hat in seinem ganzen Wesen etwas Finsteres, Unheimliches. Durchaus fehlt ihm das zarte, liebevolle Gemüth, der Edelsinn, die Noblesse des nordischen Högni. Allerdings ist seine That durch die treue Anhänglichkeit an seine Herrschaft hinlänglich motiviert; aber widerstrebend ist immer die Arglist, mit der er Kriemhilde betrügt, und die Treulosigkeit, mit der er den Mord vollbringt. Und selbst dann noch geht er, einmal der Feind Kriemhildens, in ihrer Verfolgung weit über das Mass. — Im zweiten Theil

7 *

aber ist er ohne Zweifel weitaus die interessanteste und hervorragendste Erscheinung; der finstere Trotz, mit dem er bewusst dem Verderben entgegen geht, der beissende Hohn, mit dem er der übermächtigen Feindin überall begegnet, und wiederum die feste Anhänglichkeit an seine Herren, der rührende Freundschaftsbund mit Volker, die unverwüstliche Tapferkeit, der standhafte Heldenmuth bis zum Tode: — Alles erweckt ein gemischtes Gefühl von Bewunderung und Grauen, Theilnahme und Entsetzen. — Die Stellung, die er in der nordischen Sage eingenommen, fällt hier einigermassen dem jüngsten Bruder, Giselher, zu, der entschieden gegen die Ermordung Siegfrieds spricht, auch seiner Schwester vor allem Andern mit Liebe zugethan ist. Im letzten Kampfe erweist er sich als einen der Tüchtigsten; zu einer lieblichen Episode gab er dem Dichter durch seine Verlobung mit Rüdigers Rochter Gelegenheit. — Nur durch die äussere Stellung erinnert Gernot an den nordischen Guthormr, Ute, die würdevolle alte Königin, an die nordische Grimhild. — König Etzel endlich, der in seiner vollen Pracht und Herrlichkeit geschildert wird, zeigt sich gegen Kriemhilde als liebevollen Gatten, gegen seine Gäste als freundlichen Wirth, gegen seine Untergebenen als milden, freigebigen Herrscher. An dem Verrath ist er völlig schuldlos; er sucht alle Streitigkeiten durchaus zu vermeiden; erst nach der Ermordung seines Sohnes durch Hagen ist auch bei ihm von keiner Versöhnung mehr die Rede. Doch zeigt er im Verlauf der Begebenheiten eine gewisse greisenhafte Schwäche und Zaghaftigkeit, die ihn vom Kampfe fern hält, und als er sich durch die Hohnreden Hagens bewegen lässt, selbst den Schild zu fassen, wird er doch durch die Seinigen an der Ausführung seiner Absicht verhindert. Ueberhaupt aber tritt er während des ganzen Kampfes sehr gegen Kriemhilde zurück, welche als die Urheberin fast aller Angriffe auf die Burgunden erscheint.

die Stellung Etzels sich verändern; die ganze Verrätherei
fiel auf Kriemhilden, und er erschien zuletzt als ganz unschuldig und nur mit Widerstreben in den Kampf verwickelt.
Damit fiel denn auch jeder Grund zu einer Rache an ihm
fort. Je mehr aber andrerseits Kriemhilde durch die gegen
ihre nächsten Angehörigen bewiesene Treulosigkeit und Grausamkeit sank, um so dringender musste das verletzte Gefühl
verlangen, dass sie selbst den allgemeinen Untergang nicht
überlebe. So konnte ihr Tod nicht ohne den stärksten poetischen Fehler aufgegeben werden, wenn auch freilich die
Hand des alten Hildebrand zur Vollstreckung desselben wenig
berufen scheint. — Ganz entsprechend muss nun auch die
Einladung das Werk Kriemhildens sein und ihre Warnung
selbstverständlich wegfallen. Hagen aber, der auch schon
früher in der Voraussicht künftigen Unheils die Vermählung
Kriemhildens an Etzel widerrathen hat, spricht wie in der
nordischen Sage so auch hier gegen den Zug. Die mit der
Rache Gudruns verbundene Verbrennung der Burg Atlis
kehrt uns in dem Anzünden des Saals auf Kriemhildens
Befehl wieder, ist aber nun natürlich gegen die Burgunden
gerichtet. Der Ermordung der beiden Knaben Erpr und
Eitill entspricht die Tödtung Ortliebs, die allerdings nicht
mehr durch die Mutter, sondern durch Hagen vollbracht
wird. Endlich ist auch ganz consequent die Begierde nach
dem Horte von Etzel auf Kriemhilde übertragen. Wie in
der nordischen Sage Atli dem Gunnar, so macht sie hier
Hagen die Auslieferung desselben zur Bedingung des Lebens
(361, 4); wie dort Gunnar will hier Hagen den Ort nicht
nennen, so lang noch der Nibelunge einer am Leben sei;
aber sobald er das Haupt des letzten erblickt, verweigert
er höhnend jede Auskunft. 262, 2:

> den hort den weiȥ nu niemen wan got unde mîn,
> der sol dich, vâländinne, immer wol verholn sîn.

cf. Atlakvida 26. 27.

Die Anlehnung der Sage an die Geschichte tritt übrigens im Nibelungenliede weit bedeutsamer hervor als in der

V.

Etwa um die Mitte oder gegen Ende des dreizehnten Jahrhunderts ward, wie vermuthet wird, von einem Isländer die Thidrekssaga abgefasst, eine ausgedehnte Darstellung der deutschen Dietrichsage und aller mit ihr sich berührenden Kreise. Betreffs seiner Quellen berichtet der Schreiber im Prolog, die Saga sei zusammengesetzt nach den Erzählungen deutscher (sächsischer) Männer (aus Soest, Bremen und Münster) und zum Theil nach ihren Liedern. Welches hiernach das Verhältnis der Erzählungen zu den Liedern gewesen, bleibt unklar. Waren die Ersteren unzweifelhaft niederdeutschen Ursprungs, so möchte ich meinerseits dasselbe auch von den Liedern annehmen. Dagegen aber ist es freilich gewis, dass der Verfasser sich nicht bloss an niederdeutsche Quellen hielt. Diese bildeten zwar für seine Erzählung die Grundlage, damit aber combinierte er in eklektischer Weise Elemente andrer Gestaltungen. Mit vollkommener Sicherheit geht aus seiner Darstellung hervor, dass die hochdeutsche Sage nicht unbenutzt blieb; die Geschichte der Eltern Sigurds geht vermuthlich auf romanische Erzählungen zurück; dass hin und wieder die nordische Gestaltung einwirkte, ist nicht nur an und für sich wahrscheinlich, sondern scheint auch durch viele Aehnlichkeiten im Einzelnen bestätigt zu werden. So stösst die Entscheidung der Frage, was Eigentum der niederdeutschen Sage, was durch fremden Einfluss entstanden sei, auf zum Theil unüberwindliche Schwierigkeiten. Scheint dieses Verhältnis nun freilich die Auctorität der Saga wesentlich zu beeinträchtigen, so wird ihre Darstellung für uns dennoch von der höchsten Wichtigkeit durch den Umstand, dass sie die einzige ist, welche die Bildung zweier Sagentheile auf deutschem Boden in klarer Fassung erhalten hat: die Vorgeschichte Sigurds und sein Verhältnis zu Brynhild. Das Nibelungenlied hat die erste

Partie ganz aufgegeben, die zweite nur verworren und getrübt
erhalten; das Siegfriedslied die zweite verloren und die erste
verdunkelt, so dass einerseits die Existenz beider Theile in
Deutschland ausser Zweifel steht, andrerseits durch die Verbindung der drei deutschen Gestaltungen das ursprünglich in
Deutschland verbreitete Verhältnis erschlossen werden kann.
Vgl. 85 f.

Im Ganzen steht die Darstellung der Sage, was den
Gang der Ereignisse betrifft, auf dem Standpunkt des Nibelungenliedes, wenngleich sie sich in vielen Theilen und insbesondere eben in Allem, was sich auf das Verhältnis Sigurds
zu Brynhild bezieht, der älteren nordischen Gestaltung nähert.
Ja die Anlehnung an die Geschichte ist noch unklarer als
dort; wir finden unsere Sage im Westfälischen localisiert:
Attila ist König von Sufat, und mehrmals werden Ueberreste
erwähnt, die noch zur Zeit des Verfassers an die Niflungen-
schlacht erinnerten. Neu treffen wir namentlich die romantische Vorgeschichte Sigurds und seiner Eltern, den Aufenthalt des Ersteren bei König Isung von Bertangaland, wohin
zugleich sein Zweikampf mit Thidrek verlegt ist, die Rache
Aldrians, des Sohnes Högnis, an Attila, sowie manche Einzelheiten.

Sigurd ist wie immer der Sohn Sigurds. Während dieser
auf einem Feldzug begriffen ist, sucht Artvin, einer seiner
Grafen, die bereits schwangere Königin Sisibe zu verführen;
da sie sich weigert, wird sie von Artvin und seinem Genossen
Hermann bei dem rückkehrenden König verläumdet, und auf
dessen Befehl zur Tödtung in einen Wald gebracht. Hier
kommt es zwischen den beiden Grafen, weil Hermann von
ihrer Unschuld gerührt sie retten will, zum Kampf und Artvin
fällt; der inzwischen geborene Sigurd wird in einem Glasgefäss in den vorüberfliessenden Strom gestossen, worauf die
Königin vor Schrecken stirbt. Der Knabe treibt in die See,
bleibt an einer Klippe hängen und wird, nachdem eine Hindin
ihn sechs Monate lang gesäugt hat, von einem Schmiede aufgefunden.

Die ganze Erzählung trägt, wie P. E. Müller mit Recht bemerkt, alle Zeichen eines durchaus fremdartigen, romanhaften Ursprungs an sich; dass sie aber lediglich Zuthat des Sagaschreibers sei, wird ohne Grund behauptet. Die Art und Weise, wie der neugeborne Sigurd vom Strom zum Schmied getrieben wird, erinnert nicht nur an Romulus und Remus, an Moses oder Perseus, an Burta - Chino, der, ins Wasser geworfen und von einer Wölfin gesäugt, später Stifter des türkischen Reiches ward, und viele Andere; sondern weit mehr noch an die bekannte Sage vom Schwanritter, der, aus dem Todtenland von seinem Schwan herbeigeführt, durch Kampf und Sieg die Jungfrau von ihrem Bedränger erlöst und ihr Gemahl wird. Auch an Tristan darf hier wohl erinnert werden. Noch mehr aber tritt die Aehnlichkeit in der Sage des Beovulf hervor, wo ein ungeborner (sonst neugeborner) Knabe im steuerlosen Schiff landet und König wird. (cf. Simrock, Mythol. 314 ff.) Und berührt sich nun dieser Knabe (Skeaf), wie Müllenhoff annehmen will, wirklich mit Freyr, so wäre selbst ein vollständiges Zusammenfallen desselben mit Siegfried nicht unwahrscheinlich. Findet sich doch auch dieser Zug in dem Märchen „Der König vom goldnen Berg" wieder. Jedenfalls aber ist er ein uralter, echt mythischer, und ich meinerseits möchte am wenigsten Leos Vermuthung zurückweisen, dass diese Vorgeschichte Sigurds mit der indischen Sage von Karna im Mahabharata in Zusammenhang stehe.

Anders freilich wird es sich mit dem Anfang der Erzählung verhalten, dessen Aehnlichkeit mit der Geschichte der hl. Genovefa deutlich genug hervortritt. Wir dürfen darin wohl mit Recht einen „fremdartigen Anwuchs" erblicken, „womit die Quelle unserer Sage eine Lücke in derselben auszufüllen strebte." (Rassmann.)

Die folgende Schilderung von Sigurds Aufenthalt bei Mimir und seinem Drachenkampf geht im Allgemeinen deutlich genug auf die älteren (nordischen) Verhältnisse zurück. Wieder treffen wir den Drachen mit einem Schmiede als

Bruder; der Schatz aber ist völlig geschwunden, *) und die Brüder leben in guter Eintracht. Der Schmied, kein Zwerg mehr, heisst Mimir, während der Name Regin auf den Drachen übertragen und der Fafnir fast vollständig geschwunden ist. Nur später heisst es einmal, die Wäringer nennten diesen Drachen Fadmir. Dass er ursprünglich Mensch gewesen, stimmt mit der nordischen Sage, nur ist die Verwandlung nicht wie dort eine freiwillige, sondern trifft ihn zur Strafe für Zauberei. Gegen ihn also schickt Mimir den Knaben, aber freilich nur, dass jener ihn tödte; denn Sigurd treibt in der Schmiede zu grossen Unfug, und er möchte sich seiner entledigen. Selbstverständlich kann er ihn deshalb nicht wie die Regin des Nordens mit dem Schwerte Gram ausrüsten; Sigurd empfängt dieses von ihm erst später. Die Zerspaltung des Ambosses aber kehrt in der Zerschmetterung desselben wieder. — Nur die Darstellung des Kampfes selbst entspricht im Ganzen mehr der Sage des Nibelungenliedes. Von Gruben ist natürlich keine Rede; Sigurd isst das Fleisch und bestreicht sich mit dem Blute, so dass er am ganzen Leibe hörnern wird mit Ausnahme einer Stelle zwischen den Schultern, wohin er nicht reichen kann. Dagegen die zwei Vögel, deren Sprache er versteht, sobald ihm von der Brühe ein Tropfen auf die Zunge kommt, und die ihm Mimirs Verrätherei entdecken, erinnern wieder ganz an die eddische Darstellung; nur die Zahl ist verschieden. — Bei seiner Rückkehr sucht Mimir ihn durch Schenkung einer trefflichen Rüstung, wobei das Schwert Gram, zu versöhnen. Dazu soll er sich den Hengst Grani von Brynhilden geben lassen. Sigurd nimmt die Waffen an, gibt aber doch dem Verräther seinen Lohn, indem er ihm mit dem eignen Schwert das Haupt abschlägt.

Was die Erlösung Brynhildens durch Sigurd betrifft, so ist alles Wunderbare und Uebernatürliche daraus verschwun-

*) Nur später (cap. 359) heisst es, Sigurd habe dem grossen Drachen viel Geld abgenommen, und cap. 425 ist es in einem hohlen Berge zusammengehäuft.

den. Die Burg Brynhildens ist wie im Nibelungenlied nur noch ein gewöhnliches Ritterschloss, in dem jene herrscht, das durch ein Eisenthor versperrt und von Wächtern und Rittern vertheidigt wird, von Sigurd gewaltsam erstürmt werden muss. Hierzu ist das Wunschross Grani, der Abkömmling des achtfüssigen Sleipnir, das allein den Ritt durch die Flamme ermöglichte, überflüssig. Deshalb hat die Sage den Namen des Rosses selbst festhaltend seine Bedeutung durchaus aufgegeben: Sigurd erhält es erst von Brynhilden. Und doch, ein ganz gewöhnliches Ross ist es nicht geworden; es ist nur für den einen Sigurd bestimmt. Und es kennt diese Bestimmung, denn nur von ihm lässt es sich fangen.

Der Aufenthalt Sigurds bei König Isung von Bertangaland ist für unsere Sage nur von geringer Bedeutung. Doch wird er und namentlich der daselbst stattfindende Zweikampf mit Thidrek zur Grundlage der folgenden Vermählung mit Kriemhilden gemacht, indem Sigurd die Niflunge erst als Kämpfer auf Thidreks Seite kennen lernt und ihnen dann an ihren Hof folgt. Der Name der Burgunden findet sich nirgends, doch ist Werniza Residenz, welche Inconsequenz bei dem niederdeutschen Ursprung dieser Sagengestaltung erklärlich ist. Der alte König heisst Aldrian, wobei man sich erinnern mag, dass in den hochdeutschen Gedichten, wo Hagen nicht Bruder der Könige ist, sein Vater diesen Namen führt; die jungen Könige Gunnar, Gernoz, Gislher, der Letzte zur Zeit noch ein Kind. Högni ist, wie der Mörder der nordischen Sage, Guthormr, ihr Stiefbruder, erzeugt von ihrer Mutter und einem Elben; daher sein grimmiges, Schauder erregendes Angesicht. Uebrigenz zeigt die Sage in Betreff dieser Königsfamilie in sich selbst Widersprüche; später heisst einmal der alte König Jrung, und an Stelle des Gernoz wird Guthorm erwähnt, welcher Name dann aber wieder ganz verschwindet. Cap. 43 werden zweimal nur Gunnarr und Högni genannt, ebenso auch Cap. 227 bei der Fahrt nach Brynhild. Zeigt sich hier also ein Anklang an die nordische Gestaltung, so ist in dem erst erwähnten

Verhältnis (Gunnar, Gernoz, Gislher Brüder, Högni Stiefbruder) eine Einwirkung der oberdeutschen Sage zu erblicken.
— Die Königin Oda ist die Uote des Nibelungenliedes; Sigurd vermählt sich mit Grimhilden, ohne dass sein Treubruch
an Brynhild durch einen Zaubertrank motiviert wird. Ohne
selbständige Herrschaft, bleibt er wie in der nordischen Sage
¦n Werniza.

Gunnar nun wird von Sigurd auf Brynhild aufmerksam
gemacht, und mit ihm, Högni und Thidrek begibt er sich
zu ihr. Sie empfängt Sigurd wegen seines Treubruchs mit
Vorwürfen, lässt sich aber doch von ihm besänftigen und
wird freiwillig Gunnars Gattin, ohne dass sich eine dem
Flammenritt analoge Aufgabe fände, zu deren Ausführung
Gunnar die Hülfe des Schwagers in Anspruch nehmen müsste.
Unmittelbar an die Vermählung schliesst sich die Darstellung
der nächtlichen Kämpfe Gunnars und Sigurds mit Brynhild,
fast genau wie im Nibelungenliede, nur dass Sigurd mit
Gunnars Wissen und Willen der Jungfrau wirklich beiwohnt.
Ueber die Entstehung dieses nächtlichen Ringkampfes ist
oben gesprochen; die Verschiedenheit der Darstellung des
Nibelungen von der der Saga aber ist nicht sehr bedeutend.
Von einem Treubruch gegen den vertrauenden Freund musste
der Held jedenfalls rein gehalten werden wie in der nordischen Sage selbst; deshalb liess man ihn entweder wie hier
der Brynhilde mit Gunnars Zustimmung ihre Stärke nehmen
— und diess war vielleicht das nächstliegende —, oder man
suchte das dadurch zu vermeiden, dass man alsbald nach
dem Kampfe Gunnar wieder an seine Stelle treten liess, wodurch die ganze Darstellung sittlich reiner und zugleich für
den späteren Vorwurf der Untreue Raum blieb. — An Stelle
der Tarnkappe bringt die Saga die Verwechselung der Kleider,
offenbar wieder nur eine natürliche Erklärung des früheren
Wechsels der Gestalt. Ein Motiv für die Weigerung Brynhildens aber fehlt hier gänzlich, da sie sich ja nach freiem
Entschluss vermählt hatte.

Der Zank der Königinnen zeigt nur sehr geringe Aenderungen. Nicht um den Werth der Männer beginnt er, sondern mit einer geringen Modification um die eigne Ehre, die freilich durch die Stellung der Männer bedingt ist. Grimhild hat sich vor Brynhild nicht erhoben. Den Ring zeigt jene gleich vor, so dass sich der Streit später nicht zu erneuern hat. Von der ganzen Sache erfährt Sigurd nichts; auf Brynhildens Klagen wird sofort sein Tod beschlossen, ohne dass Gislher seine Stimme erhebt; er ist noch zu jung.

Betreffs der Ausführung der That selbst fehlt der fingierte Kriegszug des Nibelungenliedes; die Jagd ist geblieben mit einigen unwesentlichen Verschiedenheiten. Von einer Rache Sigurds vor dem Tod findet sich keine Spur. Den Rath, die Leiche zu Grimhilden zu bringen, gibt Gunnar selbst, der hier überhaupt, wie in der nordischen Sage, entschieden und ohne Schwanken den Mord billigt. Eine Erinnerung an diejenige Gestalt der Sage, die den Helden im Bett umbringen lässt, scheint sich darin zu finden, dass die Mörder die Thüre von Grimhildens Kammer erbrechen und ihr den Todten in den Schooss werfen. Den Verrath durchschaut Grimhild wie im Nibelungenlied sofort, das Bahrgericht fehlt.

Gehen wir zu der Rache über, so ist auch hier der Gang der Sage der des Nibelungenliedes. Die Umwandlung dieses Theiles ist dieselbe hier wie dort: Grimhild rächt die Ermordung Sigurds an ihren Brüdern. Doch hat nun in unserer Saga die ältere in den nordischen Quellen vorliegende Gestaltung hier einen so bedeutenden Einfluss ausgeübt, dass dadurch zum Theil die wichtigsten Modificationen entstanden und unsere Darstellung gleichsam als eine Combination jener beiden angesehen werden kann.

Wie im Nibelungenliede Rüdiger, so wird hier Herzog Osid nach Werniga gesandt als Werber um Grimhilden für König Attila. Alle, Högni nicht ausgenommen, sind damit einverstanden, und auch Grimhild wagt es nicht, den mächtigen König abzuweisen. Osid kehrt nun zurück und kurze Zeit darauf holt Attila seine Braut selbst ab. Nach siebenjähriger Ehe erfolgt die Einladung. Aber ausser der Rach-

sucht Grimhildens spielt schon hier das Motiv der nordischen
Sage, die Habgier Attilas, mit, die dann namentlich am
Schlusse wieder ganz in den Vordergrund tritt. Als Grund
der Einladung wird wie im Norden angegeben, König Attila
sei alt, und es komme den Niflungen zu, sein Reich zu re-
gieren. Högni räth ab; da aber Gunnar darauf besteht, heisst
er alle Streitbaren wohl gerüstet mitnehmen. cf. Niblungen-
lied 225, 1. 2. Es folgt die Fahrt zu den Hunen über die
Donau, wobei zwei Meerfrauen Högni den Untergang pro-
phezeien und deshalb von ihm, ebenso wie der neuvermählte
Fährmann erschlagen werden; das Zusammentreffen Högnis
mit Eckivard, von dem die erste Warnung ausgeht; der
Aufenthalt in Bakalar bei Rodingeir und die Verlobung seiner
Tochter mit Gisler — Alles im Wesentlichen der Darstellung
des Liedes entsprechend. Als sie bei Attila anlangen, ist
Grimhildens erstes Wort an Högni eine Frage nach dem
Schatz, ebenso Nlied 266, 1. 2. Die Antwort ist beide Male
gleich. Um nun Streit zu entzünden, wendet sich Grimhild
zuerst an Thidrek, der ihr aber nicht zu Willen sein mag,
auch die Niflunge schon früher gewarnt hat (Nlied 267, 2;
290, 5 ff.). Da versucht sie es bei Herzog Blodlin (Nlied
291, 4 ff.), hier nicht Attilas Bruder, aber auch bei ihm vergebens, während das Nibelungenlied sie bei ihm zum Ziele
kommen lässt. Zuletzt gewinnt sie Ritter Jrung, den sie
dann, wie im Liede Blödelin, zunächst gegen die Knechte
ziehen lässt. Der Hauptkampf aber, der hier im Garten,
nicht im Saale sich entspinnt, wird verursacht durch den Tod
des Knaben Aldrian (Ortlieb) und seines Erziehers; während
aber im Nibelungenliede Hagen dadurch von vorn herein jede
Versöhnung unmöglich zu machen sucht, wird er hier durch
Grimhildens Tücke herbeigeführt, ohne Zweifel in derselben
Absicht.

    Von nun an weicht die Sage in ihrer Darstellung von
der des Liedes bedeutender ab. Es wird ein Ausfall der
Niflunge aus dem Holmgarten geschildert; Gunnar wird von
den Freunden getrennt, gefangen genommen und, wie in der

nordischen Sage, in den Wurmgarten geworfen. Högni
zündet das Haus an, um die Nacht zu erleuchten, während
im Lied Kriemhilde dasselbe befiehlt, um die Nibelunge zu
verderben. Jrung, der Högni beim ersten Kampf verwundet,
wird beim zweiten von diesem erschlagen. (Nlied 314, 5;
316, 2). Blodlins Fall lässt Rodingeir und hinwiederum
dessen Tod Thidrek die Waffen ergreifen; während im Nibelungenlied Rüdiger nur mit dem grössten Widerstreben durch
seine Lehnspflicht, Dietrich aber durch den Verlust aller
seiner Mannen zum Kampfe gebracht wird. Zuletzt fallen
Folkher, Gernoz, Gislher, Högni wird auf den Tod verwundet
und gefangen, Grimhilde aber, ohne sich an jenem gerächt
zu haben, aus Entrüstung, wie im Liede von Hildebrand,
so hier von Thidrek erschlagen.

Von einer nun folgenden Bestrafung Attilas weiss das
Lied nichts; seine Gestaltung ist consequent in der Neubildung dieses Sagentheils: die ganze Verrätherei fällt Grimhilden zur Last, Etzel ist ganz unschuldig und eine Rache
an ihm poetisch nicht nothwendig. Die Thidrekssaga hingegen bringt eine solche, die sich entschieden als eine Fortbildung der älteren Sagengestalt erweist, auf welche jene
Neubildung nur modificierend einwirkte, ohne sie verdrängen
zu können.

Atlamal 53 wirft Gudrun dem Atli vor, er habe ihr die
Mutter (Grimhild) wegen eines Schatzes ermordet, indem er
sie in einer Höhle habe verhungern lassen. Näheres freilich
erfahren wir nirgends; aber es kann doch wohl kaum zweifelhaft sein, dass das, was die Hvensche Chronik von dem
Ende Grimhildens, der Tochter, erzählt, auf jene Ermordung
der Mutter zurückgeht. Hier wird nämlich Grimhilde, ganz
wie in der Thierekssaga Attila, von dem nachgebornen Sohne
Högnis durch List in einen Berg eingeschlossen. Dass aber
dieser Hungertod in unsrer Saga vielmehr auf Attila als auf
Grimhilde übertragen ward, war natürlich, sobald man nach
Analogie der süddeutschen Gestaltung die Letztere am Ende
des Niflungenliedes durch Dietrich erschlagen liess. Die

Umwandlung vollzog sich um so leichter, als Attilas Goldgier
schon in der Sage lag. Den Sohn Högnis aber hatte man
ebenfalls aus der . alten Sage bekommen. Atlamal 87 wird
Atli von Högnis Sohn, der Hniflungr genannt wird, und
Gudrun gemeinsam im Schlafe ermordet. Dass dieser Sohn
Högnis mit unserem Aldrian, den der Held, bereits auf den
Tod verwundet, sich als künftigen Rächer zeugt, zusammenzustellen sei, wird ohne jeden Grund geläugnet. Seine ganze
Erscheinung steht in der eddischen Sage so sehr im Hintergrund, dass uns der Mangel eines Berichtes über seine Er-
zeugung nicht beirren darf. Man bedenke zugleich, dass
Högni, welcher nach beiden, hierin von einander unabhängigen
deutschen Darstellungen (des Nibelungenliedes und der Thidrekssaga) z u l e t z t fällt, in der nordischen Sage umgekehrt
vor Gunnar stirbt, und dass schon diese Umbildung eine
Erzeugung Hniflungs durch den bereits todtwunden Högni
fast unmöglich machen musste. Diesem also fiel, sobald
Grimhild selbst zur Feindin ward, das Rachewerk, sei es an
Attila, sei es an seinem Weibe, allein zu. In der ganzen
Art und Weise, wie der sterbende Högni von seinen Feinden
eine Frau empfängt, um sich noch einen Sohn zu erzeugen,
liegt etwas Bizarres und Seltsames, zu dessen Erklärung oben
pag. 51 ein Versuch gemacht worden ist.

Die Characterzeichnung der Saga weicht von der des
Liedes mehrfach ab. Sigurd erscheint in seiner Jugend bei
Mimir als unbändiger, roher Junge, und die Art und Weise,
wie er sich an seinem Lebensretter für die spätere Verrätherei
rächt, erhält namentlich durch den Wortbruch, den er sich
dabei zu Schulden kommen lässt, *) etwas Unedles, Wider-
wärtiges. Von der Begegnung mit Brynhild an zeigt er
denn aber im Ganzen wieder den früheren edlen Character,
nur dass sein Treubruch an jener durch nichts motiviert
erscheint, und auch bei der nächtlichen Bezwingung seine

---

*) indem er erst die von Mimir ihm angebotene Rüstung als Busse
annehmen will, dann aber sein Versprechen nicht hält.

Verschuldung gegen sie beträchtlich gesteigert ist. — Bei
dieser selbst ist wiederum wie im Liede das Widerstreben
gegen Gunnar unerklärlich, dem sie sich doch freiwillig vermählt hat; ihr Verlangen nach Sigurds Tod dagegen ist durch
seine zwiefache, grosse Verschuldung gegen sie hinlänglich
begründet.

Sehr gesunken ist, namentlich im zweiten Theil, die
Erscheinung Grimhildens. Mehr noch als im Liede tritt
allenthalben das Unweibliche ihrer Rachsucht hervor; die
Weise, in der sie den eignen Sohn gegen Högni schickt und
tödten lässt, ist herzlos und unnatürlich, und wahrhaft empö-
rend die Gemeinheit, mit der sie ihren Brüdern den Feuer-
brand in den Mund stösst, um zu erproben, ob sie wirklich
todt seien. Sie nach solchen Greueln leben zu lassen, war
poetisch noch weit weniger möglich als im Nibelungenlied.

Wenig höher als im Liede steht König Gunnnar. Ja
fast noch erbärmlicher ist die Rolle, zu welcher er hier durch
den Widerstand Brynhildens verurtheilt ist. Doch fehlt
andrerseits die widerliche Unentschlossenheit bei dem Morde.
Und im zweiten Theil ist sein Auftreten der Darstellung des
Liedes ganz entsprechend. — Auch Högni hat durch das
Fehlen einiger Züge des Liedes etwas gewonnen; er braucht
die verwundbare Stelle Sigurds nicht auf so hinterlistige
Weise wie dort zu erkunden, und auch im Uebrigen tritt
nicht die unnöthige und höhnende Härte in seinem Betragen
gegen Grimhilden hervor. Im zweiten Theil ist er ganz der
Hagen des Liedes. — Attila, der König von Susat, zeigt
wieder den alten Zug der Habsucht, die ihn zuletzt denn
auch ins Verderben bringt. Auch eine gewisse unziemliche
Feigheit lässt sich nicht verkennen, wenn er von einem
Thurme aus seine Mannen zum Angriff gegen die Niflunge
spornt.

VI.

Wir wenden uns zum Lied vom hürnen Seyfrid, dessen Entstehung vielleicht ins vierzehnte Jahrhundert zu setzen ist. Es enthält eine Darstellung der ersten Hälfte von Siegfrieds Leben, seine Jugend, den Drachenkampf, die Gewinnung des Hortes, Erlösung der Jungfrau und Vermählung mit derselben; ausserdem eine kurze und gleichsam nur flüchtig angedeutete Erzählung seines Todes. Auf den ersten Blick erweist es sich als eine Vereinigung mehrerer ursprünglich nicht zusammengehöriger Lieder. Die Folge hiervon sind wiederholte innere Widersprüche, und insbesondere die Verdoppelung (ja Verdreifachung) des Drachenkampfes, indem verschiedene Lieder verschiedene Darstellungen desselben enthielten. Am Schlusse wird auf ein Gedicht — Siegfrieds Hochzeit — verwiesen, worin berichtet würde, wie es während der acht Jahre seiner Ehe ergangen sei. Es wird wohl etwa das geschildert haben, was uns das Volksbuch vom hörnernen Siegfried an dieser Stelle bietet, da letztere sich ja im Ganzen eng an die Darstellung unseres Liedes anschliesst und mit Sicherheit auf die hier zu Grund liegende Sagengestaltung zurückzuführen ist.

Die Jugendgeschichte Siegfrieds zeigt mit der Erzählung der Thidrekssaga einen unverkennbaren Zusammenhang. Freilich fehlt ganz die romantische Genovefapartie und hat, wenigstens in dieser Gestalt, gewis nie hierher gehört; was aber den Schmied und den Drachen betrifft, so herrscht, von Nebenumständen abgesehen, die vollkommenste Uebereinstimmung. Siegfried, der Sohn König Siegmunds von Niederland, zieht von seinem Vater weg auf Abenteuer in die Fremde. Er kommt zu dem Schmiede, dem er als Knecht dient, und der ihn dann zum Drachen schickt. Ausser diesem Letzteren tödtet er noch viele andre Würme, mit deren Blut er sich bestreicht. — Ueberall zeigt sich die grösste Zerbröckelung, der Bericht des Liedes ist meist

dürftig und verschwommen. Weder Schmied noch Drache
wird genannt; dass sie Brüder sind, fehlt gänzlich. Flüchtig
wird von einem Knecht erzählt, neu ist der Köhler. Der
Schatz fehlt, ebenso die Rache am Schmiede.
Von nun an beginnt gleichsam eine neue Darstellung
der Siegfriedsage, welche mit der vorangehenden Jugendgeschichte ursprünglich nicht zusammengehörte und auch hier
nicht aufs geschickteste verbunden erscheint, dabei auch in
sich grosse Verwirrung zeigt. Hiernach kennt Siegfried seine
Eltern nicht; er ward fern versendet in einen finstern Tann,
wo ihn ein Meister erzog. (47). Auch hat er bereits einen
Wurm erschlagen, weshalb ihm gar gerne fünftausend Zwerge
dienten und willig ihr Gut gaben (38). — Diese letztere,
freilich nur andeutende Darstellung der Vorgeschichte des
Helden steht der der Thidrekssaga offenbar noch näher als
die erste. Wie Siegfried zu dem Meister in den Wald kam,
ist freilich vergessen, aber aus der Unkenntniss seiner Her-
kunft lässt sich auf ein mindestens ähnliches Verhältnis wie
in der Thidrekssaga schliessen. Von einer Untreue des
Meisters, die selbstverständlich auch hier ursprünglich die
Veranlassung zum Drachenkampfe ward, ist keine Rede mehr.
Was aber diesen Drachenkampf selbst betrifft, so liegt die
Vermuthung nicht fern, er sei nur eine unpassend eingefügte
Verdoppelung des alsbald ausführlich beschriebenen auf dem
Drachenstein. Einerseits steht er vollständig ausser allem
Zusammenhang und ist für die Erzählurg ohne alle Bedeu-
tung und Folge; sodann aber stimmt Alles, was wir kören,
mit der Darstellung des folgenden Drachenkampfes überein.
Wie dort der Riese Kuperom, der mit dem Drachen ursprüng-
lich identisch ist und noch aufs engste zusammenhängt, die
Zwerge sich unterworfen hat und Siegfried nach seinem Sieg
das Gold der Letzteren an sich nimmt, ja diese sogar nach
des Nibelungenliedes zugleich mit dem Schatz ihm dienstbar
werden: so heisst es hier, die Zwerge hätten sich vor dem
Drachen nicht hüten können, und weil Siegfried diesen erschlagen, dienten sie ihm und spendeten ihm willig ihr Gut.

— Vergleichen wir aber die beiden Darstellungen der Vorgeschichte Siegfrieds mit einander, so scheint die erstere aus
der zweiten unter dem Einfluss der Sage des Nibelungenliedes
sich entwickelt zu haben, da dort Siegfried am Hofe seines
Vaters aufwächst und doch, ehe er nach Worms kommt,
bereits den Drachen besiegt hat.

Nach dieser ersten Heldenthat nun hat sich Siegfried
nach Worms begeben zu König Gibich, dem er die schöne
Tochter abdient; *) dass er sie wenigstens kennt, wird auch
später hervorgehoben (51). Gibichs Söhne sind Gunther,
Gernot, Hagen; seine Tochter Kriemhilde. Giselher fehlt, .
die burgundische Abstammung wird nirgends erwähnt. Kriemhilde wird ihrer Schönheit wegen von einem Drachen geraubt,
der, ein verzauberter Jüngling, sie sich zur Gemahlin bestimmt
hat, aus dieser Gefangenschaft aber durch Siegfried befreit.

Die bedeutendste Eigentümlichkeit dieser Gestaltung ist
ohne Zweifel die, dass die zweite Jungfrau, Brunhilde vollständig fehlt. Schon in der Sage des Nibelungenliedes ist
von der Geschichte Brunhildens die erste, bedeutungsvollere
Hälfte, ihr ursprüngliches Verhältnis zu Siegfried bis auf
wenige jedes Zusammenhangs entbehrende Ueberreste verloren. Hierzu scheint denn nun eine unbewusste Tendenz
gekommen zu sein, das Ganze der Sage lediglich zu einer
Schilderung der Thaten und Schicksale Siegfrieds zu machen,
um seine Person alles Interesse zu concentrieren, so dass
alles Andre vor ihm zurücktrat und gleichgültig ward. So
fiel speciell in unsrem Liede der letzte Theil von der Rache
gradezu fort, von den Gibikungen hören wir wenig mehr als
die Namen, ihren Neid auf Siegfried und ihre Frevelthat, und
Gunthers Vermählung trat zugleich mit seiner Person in den
Hintergrund. Siegfried freilich blieb der Drachenkämpfer
und Jungfrauenerlöser; war aber einmal sein Verhältnis zu
Gunther dunkel geworden, so liessen sich diese beiden Ele-

---

*) Str. 12. Also auch hier spielt nohh das alte Dienstverhältnis
Siegfrieds zu den Nibelungen.

mente leicht combinieren zu einer Erlösung der Jungfrau
aus Drachengewalt, woraus sich dann ebenso unschwer (und
gewiss wohl ganz gleichzeitig) eine Erlösung der Braut aus
Drachengewalt entwickelte. Ob und wie viel zu solcher
Umbildung ähnliche Sagen und Märchen von Jungfrauen,
die Ungeheuern abgekämpft werden mussten, beigetragen
haben möchten, scheint eine müssige, weil kein Resultat
versprechende Frage; dass aber der Zusammenhang, in welchem ursprünglich der Drachenkampf mit der Befreiung der
Jungfrau gestanden, hierbei noch empfunden worden und von
Wirkung gewesen sein, oder dass gar Kriemhilde von Anfang
an die eigentliche Gefangene gewesen und Brunhilde erst
secundär als solche an ihre Stelle getreten sein, unser Lied
aber im Gegensatz zu allen anderen Darstellungen dieses alte
Verhältnis erhalten haben sollte, — das dürfen wir doch wohl
ohne Bedenken in Abrede stellen. Ja selbst das lässt sich
nicht mit Bestimmtheit behaupten, dass der in unsrem Lied
wiederkehrende Zug, der Drache sei ursprünglich Mensch
gewesen; noch auf das alte Verhältnis zurückgehe; die Analogie ist im Ganzen nicht allzugross, und in vielen Sagen
finden sich ähnliche Züge, die zu einer solchen Auffassung
Gelegenheit geben konnten.

Werfen wir einen kurzen Rückblick auf das Ganze der
hier erhaltenen Sage, so zeigt das Siegfriedlied das Zusammentreffen zweier verschiedenen Darstellungen. Nachdem der
ursprüngliche Drachenkampf ungefähr in der hier vorliegenden Gestaltung, zu welcher er sich auf dem pag. 92 f. besprochenen Wege mochte entwickelt haben, mit der Erlösung
der Jungfrau zu einer Erlösung derselben aus Drachengewalt
sich vereinigt hatte, trat die andere Darstellung, wornach der
Held, bei dem Schmiede aufgewachsen, von diesem gegen
den Drachen geschickt wird, hinzu, welche Vereinigung dann
das hier vorliegende Resultat ergab.

Ueber die Schilderung der verschiedenen Kämpfe, welche
Siegfried mit dem Riesen und Drachen bestehen muss, können
wir hinweggehen. Das Schwert, wozu ihm Kuperom verhilft,

und mit welchem allein der Drache besiegt werdeu kann, scheint allerdings auf das Schwert Gram zurückzugehen; dass es unter dem Drachenstein hervorgegraben werden muss, ist ein in vielen Märchen und Sagen wiederkehrender Zug. Den Schatz nimmt Siegfried wie im Norden zu sich aufs Pferd, nicht wissend, dass er den Zwergen gehört; von einer beabsichtigten Theilung hören wir nichts mehr. Da er sich aber des von Eugel prophezeiten, ihm nahe bevorstehenden Todes erinnert, *) so schüttet er ihn in den Rhein. Wir haben in dieser letzten Neuerung einen einfachen Irrtum der Sage zu erblicken. Nicht Siegfried sondern seine Schwäger haben den Schatz in den Strom zu versenken, wie es nicht nur die übrigen Darstellnngen der Sage, sondern unser Lied selbst noch erhalten hat, wenn es heisst, es habe sich um ihn bei den Hunnen jämmerlicher Mord erhoben (14).

Die kurzen Andeutungen, welche das Lied über die spätere Rache durch Kriemhild gibt, zeigen keinen Widerspruch gegen die Darstellung des Nibelungenliedes. Zuletzt verkündigt Eugel noch:

Ja auch deyn schönes weybe leyt auch des krieges tod.
Ueberall deutliche Uebereinstimmung mit der gewöhnlichen hochdeutschen Sage.

* * *

Lediglich als eine Dramatisierung der Sage des Siegfriedliedes erweist sich die Tragedia des Hans Sachs: „der hörnen Seifrid" vom Jahr 1557, die daher hier für uns fast ohne Bedeutung ist. Als wesentlichere Eigentümlichkeit liesse sich anführen, dass Siegfried zwar auch am Brunnen, aber schlafend ermordet wird, ohne Zweifel eine von dem Dichter

---

*) Eugel gleicht hier, wie schon W. Grimm bemerkte, dem nordischen Gripir (Eylimis Sohn). Näher noch berührt er sich seiner Stellung nach mit Regin, als welcher er hinwiederum auch mit Mimir identisch ist. Beide, Mimir und Eugel, als selbständige Gestalten auftreten zu lassen, war eben nur durch eine Vereinigung verschiedener Sagenfassungen möglich.

selbst im Interesse seiner Darstellung eingeführte eigene
Neuerung. — Besonders auffällig ist die üble Characterzeichnung Siegfrieds und Kriemhildens. In Bezug auf Ersteren
haben wir schon in der Thidrekssaga und dem Siegfriedliede
in seinem Verhältnis zu dem Schmiede Spuren. Kriemhilde
aber musste eben wegen der schrecklichen Rache an ihren
Brüdern mit fortschreitendem Zeitalter immer tiefer sinken
und je mehr und mehr wirklich zur *válandinne* werden, wie
sie ja schon das Nibelungenlied genannt hatte, und als welche
sie gradezu sprichwörtlich wurde.

Ebenfalls sehr genau an die Sage des Siegfriedliedes
schliesst sich die Darstellung des vielfach auf romantische
Quellen zurückgehenden Volksbuches an. Neu treffen
wir die meisten Namen, *) eine Anzahl eingeschobener, für
den Gang der Sage selbst unwichtiger Episoden **), den Verlust des eben erworbenen Schatzes durch einen Ueberfall
von Räubern und namentlich die Rache an den Mördern
durch Sieghardus, den Vater des Ermordeten. Der Tod
Florigundens hätte bei solcher Darstellung wegfallen sollen,
doch ist er beibehalten, wenn auch noch so unmotiviert. Eine
solche Neubildung war natürlich nur durch ein vollständiges
Zurücktreten Etzels möglich, wie wir es ja schon beim Siegfriedslied selbst bemerkten.

Soll ich hier auch das B r u c h s t ü c k v o m s c h w a r z e n
Mann anführen? ***) Der Raub der Jungfrau durch den
Zauberer kann allerdings demjenigen durch den Drachen
entsprechen und eine solche Umbildung vielleicht unter dem
Einfluss fremder Sagen und Erzählungen erfolgt sein, wobei
namentlich der Riese Kuperom den Uebergang ermittelt
haben könnte; aber was wird sich auf solchem Boden weiter
bauen lassen?

---

*) Ueber Florigunde (Fredegunde) cf. Lachmann Kritik 439.
**) namentlich die sehr ergötzliche von Jorcus und Zivilles, in welch
Letzterem W. Grimm den Hialli der Edda zu erkennen glaubt.
***) W. Grimm, Deutsche Heldensage, 2. Ausg. Nr. 123 b.

Eine Combination der Sage des Siegfrieds - mit der des
Nibelungenliedes hat sich uns in dem von Weigand in Haupts
Zeitschrift (X, 142 ff.) veröffentlichten Bruchstück des
Aventiurenverzeichnisses einer Handschrift der
Nibelunge erhalten. Hiernach ist der Gang der Sage
zwar im Allgemeinen der des Nibelungenliedes, aber es sind
die wesentlichen Besonderheiten des Siegfriedliedes dazu aufgenommen. Gleich die erste Aventiure erzählt uns, *„wie
siferit wuchs ʒu stride und wie er hurnyu wart und der nebulunge
hurt gewan, ê er ritter wart;"* und dass damit nicht etwa bloss
die spätere Erzählung Hagens an diesen Ort versetzt ist, zeigt
die dritte Aventiure: *„wie hagin sach siferiden zum ersten und
sagete syme herre von siner grossin ebinture."* Wir können also
wohl annehmen, dass der Inhalt dieser ersten Aventiure ungefähr dem Anfang des Siegfriedliedes entsprach und berichten, wie Siegfried am Hofe seines Vaters aufgewachsen sich
von da entfernte, zum Schmiede kam und von diesem zum
Drachen gewiesen wurde, wie er dabei hörnern ward und den
Schatz erwarb, das Letzte vielleicht ebenso ausser Zusammenhang mit dem Drachenkampf, wie wir es in dem ersten Theil
des Siegfrieds- oder auch in der Erzählung Hagens im Nibelungenliede finden.

Als Gunther nach Brunhilden fahren will, hindert sie
ein wilder Drache; ein eben solcher entführt Kriemhilden,
die Siegfried dann befreit, worauf die Fahrt nach dem Isensteine ohne Schwierigkeit erfolgt zu sein scheint. Welches
hier die Verknüpfung der beiden Sagen von Brunhildens
Erwerbung und Kriemhildens Entführung gewesen sein möge,
lässt sich nicht näher bestimmen, da — vielleicht durch eine
Nachlässigkeit des Schreibers — von Gunthers Fahrt und
Kampf weiter nicht die Rede ist. Der erste Drache, von dem
sich, so viel ich sehe, sonst nirgends eine Spur zeigt, könnte
von Brunhilden selbst geschickt zu sein scheinen; aber vielleicht auch ist er mit dem, der die Jungfrau entführt, derselbe, und vielleicht sogar ist die Fahrt Gunthers bloss durch
die Entführung der Jungfrau gehindert, die jetzt zuerst befreit werden muss.

In der 27. Aventiure bemüht sich Kriemhilde, *„daz ir brudir kam zün hunnen“;* und in der 28. schickt Etzel die Spielleute an den Rhein *„nach syme swagir, daz er queme zu der hochzit.“* Daraus müsste man schliessen, dass von Gernot und Giselher in dem Liede keine Rede gewesen sei; doch ist auch hier vielleicht nur eine Ungenauigkeit des Schreibers anzunehmen, der ja dreimal die Namen Kriemhild und Brunhild verwechselt hat.

In eigentümlicher Weise würde gewis in alter Zeit die Siegfriedsage oder vielmehr die Sage von Siegfrieds Ermordung und Kriemhildens Rache auf dem Inselchen Hven zwischen Seeland und Schonen localisiert und in der H ven - s c h e n Chronik (W. Grimm, D. H. Nr. 142) uns erhalten. Als Grundlage werden wir wohl die niederdeutsche Sagengestaltung anzunehmen haben, welche sich auf der Insel in der Weise ansiedelte, dass diese selbst als Schauplatz der Begebenheiten, die auftretenden Personen aber als Glieder eines eingebornen Geschlechtes betrachtet wurden. Daneben finden sich deutliche Spuren von Einwirkungen der nordischen wie der süddeutschen Sage. — Die Bildung gieng ohne Zweifel von der Rache Kriemhildens aus, die den Haupttheil ausmacht, und zu welcher von der übrigen Sage nur das hinzugetreten ist, was zu ihrer Erklärung und Motivierung nöthig schien. So ist denn zunächst von der Vermählung des Nibelungenkönigs keine Rede; ja dieser selbst mit Brunhilden und seinen Brüdern Gernot und Giselher vollständig fortgefallen. Nur Hagen ist geblieben, Gluna, die nordische Glaumvör, seine Gattin und Folgmar ihm zum Bruder gegeben, ohne Zweifel des festen Freundschaftsbundes wegen, der sie im letzten Kampfe vereinigt. Als Niblungen gebührt ihnen der Vater Nögling und diesem der Niblungenschatz, der, wie es der Schlusstheil verlangt, in einem hohlen Berge aufbewahrt wird. Von einer Mutter hören wir nichts, die Schwester ist Gremild. In ihnen nun erblickt die Sage ein einheimisches Geschlecht, das in allen seinen Gliedern durch grosse Kraft und Tapferkeit hervorragt, für seinen Ruhm nimmt sie kräftig Partei; Hagens Character ist in allen Punkten untadelig, auf Kosten freilich seines Gegners Sigfred, der tief gesunken erscheint. Aehnlich wie in der Thidrekssaga werden die künftigen Schwäger bei Gelegenheit des Zweikampfs mit Dietrich von Bern einander bekannt; doch ist dieses Zusammentreffen entsprechend der hochdeutschen Sage nach Worms verlegt. Grimhild geniesst dort grosse Ehre, steht der Königin zunächst und theilt den Siegern die Kränze aus, was, wie die Chronik erzählt, den Fremden Veranlassung ward, sie für des Königs Tochter zu halten, — offenbar ein Versuch, den Widerspruch mit der gewöhnlichen Sage aufzulösen. Der Zweikampf Sigfreds mit Dietrich wird unterdrückt, der Erstere stand hierfür vielleicht schon zu tief; ebenso der Drachenkampf: sein Horn hat er auf ungefährliche Weise von einer Waldfrau empfangen. — Zu seiner Ermordung musste Hagen den vollgültigsten Grund haben, und der Vorwurf, den die Sage schon längst enthielt, Siegfried habe sich bei dem Beilager mit des Freundes Gattin treulos bewiesen, also durchaus begründet sein. Wie aber kam er zu diesem Beilager? Hagen, der an Gunthers Stelle getreten war, konnte nicht jenes erbärmliche Rolle spielen; man suchte deshalb einen andern Grund und kam zu der sonderbarsten Verkehrung des ursprünglichen Verhältnisses. Grade Hagen war es gewesen, der dem Freund die Gattin bezwingen musste, und während dieser Zeit hatte Siegfred bei dessen Gattin verweilt, damit sie nichts merke. So ist denn Siegfred ein gemeiner, niederträcktiger Schurke, der die aufrichtige Zuneigung und Freundschaft Hagens nicht verdient, und sein Tod vollkommen gerechtfertigt. Aber auch hierbei ist Hagen in besseres Licht gestellt; nicht hinterlistiger Weise vollbringt er den Mord, sondern nur in der Einsamkeit hält er dem Treulosen sein Verbrechen vor und lässt ihn dann erst büssen. Sofort aber geräth die Sage mit sich selbst in Widerspruch. Grimhildens Abneigung gegen Sigfred verstösst gegen ihre spätere Rachsucht. Die Sage

hat den Widerspruch gefühlt, sie sucht ihn auf doppelte Weise
zu lösen, indem sie einmal Grimhild nachträglich eine grosse
Liebe zu Sigfred (der doch sehr bald nach ihrer Bezwingung
gestorben sein muss) fassen, sodann sie aber auch schon von
früher her auf Hagen zürnen lässt, weil er ihre Habsucht
nicht befriedigte.

Die Darstellung der Rache selbst schliesst sich im Ganzen
der der Thidrekssaga eng an. Fortgefallen ist freilich Alles,
was irgend an Attila und seine Helden erinnert, ebenso wie
andrerseits Hagen und Folgmar ganz vereinzelt stehen. Hagen
nimmt ein Schiff, um von Schonen nach Hven überzusetzen *),
dabei tödtet er die weissagende Meerfrau sowie den Fährmann,
zerbricht das Ruder, Alles wie in der Saga. Auf Hven angekommen wird er sogleich von dem Bruder getrennt, und
beide sofort überfallen. Folgmar tödtet sich selbst, Hagen
wird durch ausgespannte Ochsenhäute **) zu Fall gebracht
und dadurch besiegbar. Dennoch entkommt er, erhält aber
von dem Geist seines Vaters das Orakel, dass es ihm bestimmt sei, nicht wieder nach Hause zurückzukehren, doch
solle er sich vor seinem Ende mit einer edlen Jungfrau den
künftigen Rächer erzeugen. Grimhild, die eine ähnliche
Weissagung erhalten hat, sucht vergebens ihn durch Mägde
in vornehmen Gewändern zu täuschen, er schickt sie zurück.
Zuletzt kommt eine adlige Jungfrau, Hvenild, die nach Hagens
Tod den Ranke gebiert. Durch Vertauschung mit dem Sohn
Grimhildens weiss sie ihm das Leben zu retten, und fünfzehn
Jahre alt, vollzieht er dann die Rache an Grimhilden auf
dieselbe Weise wie in der Saga Aldrian an Attila. cf. pag.
115 f.

Eine merkwürdige Verwirrung aller älteren Verhältnisse
zeigt endlich der Anhang des Heldenbuchs. Dort wird

---

*) Er ist mit Folgmar vor dem Zorn der Schwester von der Insel
entwichen, jetzt aber von ihr zur Hochzeit geladen.

**) cf. Thidrekssaga cap. 379, wo die Niflunge bei dem Ausfall aus
dem Garten ebenfalls auf ausgebreiteten Häuten ausgleiten und fallen.

die ganze Sage des grossen Rosengartens vorausgesetzt, mit dem einen Unterschiede, dass Siegfried von Dietrich wirklich erschlagen wird. Demgemäss richtet sich denn auch die Rache Kriemhildens gegen den Berner und seine Leute, und gegen sie sucht sie an Etzels Hofe Kampf zu erregen. Hagen erscheint als ihr Anhänger; zwar will er den Kampf nicht beginnen; aber *were es das yemant den streit anfienge, so wölte er sein aller bestes thuon.*" Soweit ist die Darstellung in sich einig und consequent, die Sage vom Rosengarten Grundlage der Rache Kriemhildens. Alles Folgende aber hat wiederum die ältere Sagenbildung zur Basis, und so treten hier die seltsamsten Widersprüche und Verwirrungen ein. Wie in der Thidrekssaga erregt Kriemhilde den Streit dadurch, dass sie ihren jungen Sohn aufreizt, Hagen ins Angesicht zu schlagen, der es das erste Mal verzeiht, das zweite Mal aber den Knaben tödtet. Am Ende des Kampfes bindet Dietrich die beiden Brüder Kriemhildens — also doch wohl Gunther und Gernot, denn Giselher ist jung erschlagen — und Kriemhilde schlägt ihnen das Haupt ab, was freilich nicht hindert, dass Gunther später vor Bern den alten Hildebrand tödtet.

So bietet uns diese Darstellung nur den Versuch einer weiteren Fortbildung der Rosengartensage, einen Versuch, der jedoch nicht zum Abschluss gekommen und mitten in seiner Entwicklung kläglich gescheitert ist. Allenthalben tritt, um mich der Worte W. Grimms zu bedienen (D. H. 349), die Nachwirkung der älteren Sage hervor, zugleich aber auch "die Unfähigkeit, der veränderten Grundlage gemäss das Ganze umzugestalten."

* * *

Die Siegfriedsage ist heute wenigstens in Deutschland so gut wie ausgestorben. Kaum dass sich hin und wieder, zerrissen und dunkel, noch einige unverständliche Erinnerungen zeigen. Aber dadarch wird die hohe Bedeutung, welche sie für die Literatur zweier Völker erlangt hat, nicht berührt. Glücklicherweise sind die Zeiten, in welchen ihre Stoffe und Denkmäler in Misachtung stehen konnten, für immer vorüber; allseitig hat sich ein reger Eifer erhoben, zu sammeln, zu interpretieren, zu reproducieren. Und wenn ausserdem auch die Kunst endlich sich wieder für sie begeistert und sie bereits für Malerei, Musik und Poesie Grundlage genialer Schöpfungen geworden ist, wie vollständig ist da nicht doch der prophetische Ausspruch der Edda von Sigurd in Erfüllung gegangen:

Thviat uppi mun, medhan öld lifir,
naddels bodhi, nafn thitt vera!

Druckfehler.

pag. 25 Zeile 8 v. u. lies $\varkappa\alpha\grave{\iota}$ statt $\pi\alpha\grave{\iota}$
pag. 50 Zeile 5 v. u. lies Gudrun statt Grudrun
pag. 52 Zeile 5 v. o. lies Uebrigens statt Uebriges
pag. 53 Zeile 13 v. u. lies hatte statt hatten.
pag. 59 Zeile 18 v. o. lies setze komma hinter Darstellung
pag. 64 Zeile 9 v. u. lies momentan statt mometan
pag. 64 Zeile 2 v. u. lies von statt oon
pag. 98 Zeile 6 v. u. lies durchzuckt statt durchzückt.

Karl August Steiger. Ich bin geboren den 21. Januar 1847 zu Limburg a/Lahn in Nassau, Sohn des Königl. Preussischen Bezirks-Thierarztes a. D. Steiger daselbst, evangelischer Confession. Von 1852—1857 besuchte ich die Elementarschule zu Limburg, 1857—1865 das Gymnasium zu Weilburg, 1865—1868 die Universitäten zu München, Bonn, Berlin, mich hauptsächlich antik-classischen und germanistischen Studien widmend. Sommer 1869 bestand ich zu Bonn das Examen pro facultate docendi. Von da bis Sommer 1870 fungierte ich als Candidatus probandus am Gymnasium zu Wiesbaden. 1870—1871 nahm ich in dem Hessischen Füsilier-Regiment Nr. 80 am französischen Feldzug Theil und wurde darauf im April 1871 ans Gymnasium zu Hersfeld berufen.